꺼내 먹는 초등 과학

물음표를 넘기면 느낌표가 보이는
하루 한 장 과학 교실

꺼내 먹는 **초등 과학**

사가와 다이조 지음 | 성시야 옮김

시그마북스

꺼내 먹는 초등 과학

발행일 2025년 6월 5일 초판 1쇄 발행
2026년 1월 1일 초판 2쇄 발행
지은이 사가와 다이조
옮긴이 성시야
발행인 강학경
발행처 시그마북스
마케팅 정제용
에디터 양수진, 최연정, 최윤정
디자인 강경희, 김문배, 정민애

등록번호 제10-965호
주소 서울특별시 영등포구 양평로 22길 21 선유도코오롱디지털타워 A402호
전자우편 sigmabooks@spress.co.kr
홈페이지 http://www.sigmabooks.co.kr
전화 (02) 2062-5288~9
팩시밀리 (02) 323-4197
ISBN 979-11-6862-357-6 (73400)

SHOGAKURIKA NO NAZE? GA 1SATSU DE SHIKKARI WAKARU HON
Copyright ⓒ 2024 Daizo Sagawa
All rights reserved.
Original Japanese edition published by KANKI PUBLISHING INC.
Korean translation rights ⓒ 2025 by SIGMA BOOKS
Korean translation rights arranged with KANKI PUBLISHING INC., Tokyo
through EntersKorea Co., Ltd. Seoul, Korea

이 책의 한국어판 저작권은 ㈜엔터스코리아를 통해 저작권자와 독점 계약한 **시그마북스**에 있습니다.
저작권법에 의해 한국 내에서 보호를 받는 저작물이므로 무단 전재와 무단 복제를 금합니다.

파본은 구매하신 서점에서 바꾸어드립니다.

* **시그마북스**는 ㈜시그마프레스의 단행본 브랜드입니다.

초등학생 여러분에게
이유를 알면 점점 재미있어져요!

여러분은 학교에 갈 때 "하늘에 무지개가 떴어", "겨울에는 하얀 입김이 나와"처럼 직접 보거나 체험한 일들이 있나요? 이런 모든 현상에는 이유가 있는데, **그 이유들은 대부분 과학으로 설명할 수 있답니다.**

저는 초등학생 때부터 과학을 참 좋아해서 어떤 현상을 마주하면 늘 '대체 왜 그럴까?' 하고 생각했어요. 답을 모를 때는 학교 도서실까지 달려갔던 게 지금도 생각나네요. 열심히 찾아봤는데도 답을 찾지 못하면 마음속에서 궁금증이 사라지지 않아서 답답하기도 했답니다.

과학을 공부할 때 가장 중요한 점은, 교과서 내용만 달달 외우기보다 **'왜 이런 일이 일어날까?'라고 의문을 가진 현상의 이유를 이해될 때까지 찾아보려는 마음이에요.** 숨은 이유를 알면 알수록 과학이 재미있는 과목이라는 사실을 깨닫게 된답니다.

게다가 수많은 이유를 알아가다 보면 그 이유들이 서로 연결되기도 하지요. 그때 여러분은 이미 과학과 사랑에 빠져 있을 거예요.

이렇게 과학을 공부할 수 있도록 이 책에서는 제가 경험한 일들과 여러분도 본 적이 있을 법한 현상의 이유를 자세히 설명할 거예요. 한 현상의 이유를 알면 '그때 그 현상도 이것 때문이었구나!' 하며 여러 의문이 속속들이 해결된답니다.

이 책을 읽고 과학은 먼저 다가가면 다가갈수록 더 재미있어지는 신기한 과목이라는 사실을 여러분이 느낀다면 참 좋겠습니다. 과학을 좋아하는 아이들이 점점 많아지기를 마음 깊이 바랍니다.

학부모 여러분께
평생 기억에 남는 학습을

부모님이 아이들에게 공부를 가르칠 때 종종 "전에 배운 건데 기억 안 나?"라고 이야기하지요. 애초에 사람의 머리는 새로운 정보가 들어오면 오래된 정보는 빠져나가버리는 구조입니다. 단순히 주어진 교재를 보고 받아 적으며 직접 느끼지도 못한 채 따라 외우기만 하면 순식간에 머릿속에서 빠져나가고 말지요.

반대로 **흥미를 느끼고 능동적으로 관찰하고 체험하며 감동한 기억은 쉽게 잊히지 않습니다.** 과학은 평소에 마주하는 사물이나 현상을 다루므로, 눈앞에서 벌어진 일을 똑똑히 관찰하고 고찰하면 효과적으로 기억할 수 있는 교과목입니다.

저는 수업할 때, 학생들이 배운 내용을 평소에 체험했을 법한 일과 연결 지어 설명합니다. 아직 경험한 적 없는 학생이라도 나중에 겪어보고 싶다고 생각하면 강한 인상이 남는 법이지요.

'그 현상이 일어난 원인은 이거였구나!'라는 깨달음은 깊은 이해로 이어집니다. 그리고 과학은 원리를 분명히 이해하면 '하나를 알아도 100군데에 응용할 수 있는' 과목이라는 점을 깨달으면 반드시 과학이 좋아집니다.

최근 중학교·고등학교·대학교 입시에서 단순히 지식을 묻는 문제는 줄어들고, 관찰한 현상이나 실험을 고찰하여 그로부터 알 수 있는 사실을 답하는 문제는 늘고 있습니다. '○○은 무엇인가?'에서 **'왜 ○○의 결과가 발생했는가?'로 문제 경향이 바뀌었지요.**

이런 문제에도 대답할 수 있도록 이 책에서는 일상에서 접하는 사물이나 현상을 토대로 그 원리와 구조를 가능한 한 이해하기 쉽게 설명합니다. 평생 기억에 깊이 남는 학습을 하는 데 이 책을 활용해주시길 바랍니다.

이 책의 5가지 특징

첫 번째 암기로는 배울 수 없는 기본적인 이해력이 생겨요!

여러분 가운데는 앞으로 고등학교 입학시험을 보게 될 친구들이 많겠지요(어쩌면 중학교 입학시험을 보는 사람도 있겠네요). 요즘 입학시험에서는 '외운 지식을 그대로 대답하는' 문제가 아니라 **'왜 그렇게 되는가=원리나 이유'를 묻는 문제가 늘고 있답니다.**

과학은 초등학교에서 배운 내용을 중학교에서 더 자세히 공부하고, 중학교에서 배운 내용을 고등학교에서 한층 더 상세히 공부하는 식으로 지식을 한 단계씩 쌓아가는 과목입니다. 그래서 초등학생 때 '이유'를 충분히 이해해두어야 하지요. 이 책에서는 **과학 시간에 배우는 주요 내용을 퀴즈 형식으로 재미있게 가르칩니다.** 용어 암기만으로는 배울 수 없는 기본적인 이해력이 생기지요.

두 번째 우리 주변에 있는 것들을 다루므로 상상하기 쉬워요!

여러분이 쉽게 이해하도록 '왜 연근에는 커다란 구멍이 있을까?', '왜 알코올 소독제를 손에 바르면 시원할까?', '왜 욕조에 입욕제를 넣으면 거품이 날까?'처럼 **우리 주변에서 궁금증을 일으키는 소재들을 모았습니다.**

생활 속에는 과학으로 설명할 수 있는 신기한 현상이 가득하지요. 과학적인 이유를 찾을 수 있을지 다 함께 곰곰이 생각해볼까요?

세 번째 **중요한 내용을 한눈에 볼 수 있어요!**

과학을 즐겁게만 배우면 좋겠지만 사실 암기도 다소 필요해요. 따라서 **'문제'와 '해답'뿐 아니라 그와 관련한 중요 내용도 해설과 함께 적어두었답니다.**

또 중학교 과정 수준의 내용도 일부 담았으므로 중학교 교과과정을 예습하는 데에도 도움이 되겠지요.

네 번째 **피식 웃음이 나는 만화로 시작하니 더 재미있어요!**

모든 문제 첫머리에 웃음이 피식 새어 나오는 만화를 실었어요. 공부를 싫어하는 친구라면 만화를 본다는 마음으로 가볍게 이 책을 읽어주세요. 재미있어 보이는 부분부터 찾아 읽으며 퀴즈에 대답해볼까요?

다섯 번째 **용어집으로도 쓸 수 있는 '설명을 더한 찾아보기'!**

책의 맨 뒷부분에 **책에서 등장하는 주요 용어와 그 의미를 '설명을 더한 찾아보기'로 정리했답니다.**

책을 읽으며 용어의 의미가 궁금할 때 들여다봐도 좋고, 숙제할 때나 어느 날 문득 궁금해졌을 때 '설명을 더한 찾아보기'를 이용해 찾아보세요.

이 책의 사용법

문제 페이지

① 생물/지구과학/물리/화학 중 어떤 과목의 몇 번째 문제인지 표시했어요.

② 주변에 있는 사물이나 현상을 소재로 한 문제예요. 힌트를 보고 스스로 답할 수 있는지 생각해보세요.

해답 페이지

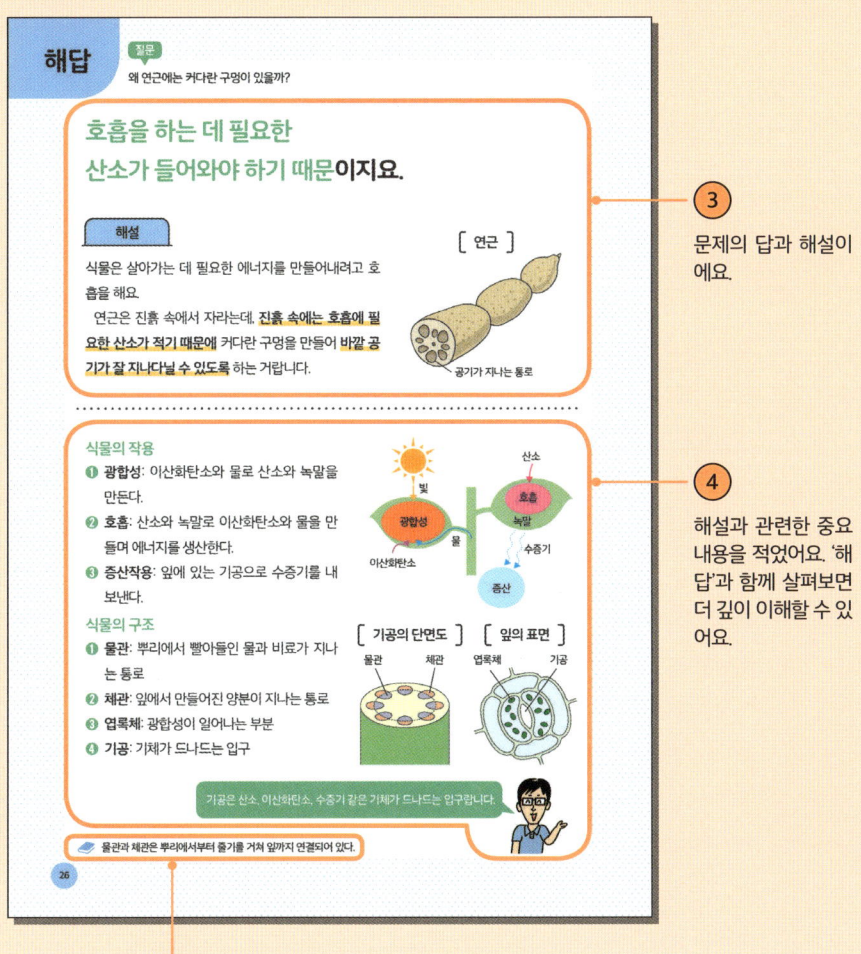

③ 문제의 답과 해설이에요.

④ 해설과 관련한 중요 내용을 적었어요. '해답'과 함께 살펴보면 더 깊이 이해할 수 있어요.

⑤ 한 단계 더 나아간 지식이나 핵심 내용이에요.

차례

초등학생 여러분에게 … 6
학부모 여러분께 … 7
이 책의 5가지 특징 … 8
이 책의 사용법 … 10

생물

문제 01	왜 꽃잎이 있는 꽃과 없는 꽃이 있을까?	17
문제 02	왜 소나무나 삼나무의 꽃가루는 알레르기를 잘 일으킬까?	19
문제 03	민들레꽃 하나에 꽃잎이 5장이라니, 정말일까?	21
문제 04	우리가 먹는 브로콜리는 식물의 어느 부분일까?	23
문제 05	왜 연근에는 커다란 구멍이 있을까?	25
문제 06	왜 여름에 꽃이 피는 미나리가 '봄을 대표하는 식물'일까?	27
문제 07	왜 나팔꽃은 이른 아침에 필까?	29
문제 08	왜 완두의 수술과 암술은 꽃잎에 싸여 있을까?	31
문제 09	왜 장수풍뎅이는 야행성일까?	33
문제 10	왜 나비의 날개에는 가루가 붙어 있을까?	35
문제 11	왜 가리비에는 커다란 조개관자가 붙어 있을까?	37
문제 12	왜 사마귀의 애벌레와 성충은 닮았을까?	39
문제 13	왜 곰은 겨울잠을 잘까?	41
문제 14	왜 개의 입술은 검을까?	43
문제 15	왜 대게의 다리는 10개인데 킹크랩의 다리는 8개일까?	45
문제 16	왜 밥을 먹고 나서 물구나무를 서도 역류하지 않을까?	47

문제 17	사람의 폐와 새의 폐는 무엇이 다를까?	49
문제 18	왜 초콜릿을 많이 먹으면 코피가 날까?	51
문제 19	왜 밥을 잔뜩 먹으면 졸릴까?	53
문제 20	왜 왼쪽 가슴에 손을 댔을 때 심장박동이 더 크게 느껴질까?	55
문제 21	'염좌'와 '탈구'의 차이점은 무엇일까?	57
문제 22	왜 추우면 '닭살'이 돋을까?	59

지구과학

문제 01	왜 하루는 24시간일까?	61
문제 02	왜 우주에서는 지구가 파랗게 보일까?	63
문제 03	왜 우주는 어두울까?	65
문제 04	왜 달의 표면에는 공기가 없을까?	67
문제 05	왜 해와 달은 우리를 졸졸 따라다닐까?	69
문제 06	왜 월식은 언제나 '보름달'이 뜰 때 일어날까?	71
문제 07	왜 태양은 낮에 보이는데 별자리를 이루는 별은 밤에만 보일까?	73
문제 08	왜 탄생 별자리는 생일에 보이지 않을까?	75
문제 09	왜 사람은 금성에서 살 수 없을까?	77
문제 10	왜 여름에 기온이 똑같아도 습도가 높아지면 덥다고 느낄까?	79
문제 11	왜 저기압이 다가오면 대체로 비가 내릴까?	81
문제 12	왜 게릴라성 집중호우는 주로 도시에서 발생할까?	83
문제 13	일기예보에 자주 나오는 '전선'. 왜 전선이 있는 곳에 구름이 생길까?	85
문제 14	왜 화산에서 나온 화산재는 동쪽에 더 많이 쌓일까?	87
문제 15	왜 구름이 하늘의 반을 덮어도 일기예보는 '맑음'이라고 할까?	89
문제 16	왜 태풍 진행 방향의 오른쪽이 왼쪽보다 위험할까?	91
문제 17	지진에 의한 '지진해일'과 태풍에 의한 '폭풍해일'은 무엇이 다를까?	93
문제 18	왜 일본은 지진이 자주 일어날까?	95

문제 19	'마그마'와 '용암'의 차이는 무엇일까?	97
문제 20	아주 옛날에 살던 생물이나 조개껍데기는 어떻게 화석이 됐을까?	99
문제 21	왜 지구온난화가 진행될까?	101

물리

문제 01	왜 나침반의 N극은 북쪽을 가리킬까?	103
문제 02	왜 막대자석으로 바늘을 같은 방향으로 문지르면 바늘은 자석이 될까?	105
문제 03	머리끝부터 발끝까지 보려면 거울은 얼마나 길어야 할까?	107
문제 04	왜 여름보다 겨울에 지하철에서 '덜컹덜컹' 소리가 크게 날까?	109
문제 05	왜 된장찌개를 끓이면 찌개가 빙글빙글 돌까?	111
문제 06	왜 알코올 소독제를 손에 바르면 시원할까?	113
문제 07	왜 보온병에 담은 물은 온도가 변하지 않을까?	115
문제 08	왜 전구에 전류가 흐르면 빛날까?	117
문제 09	왜 눈이 많이 내리는 곳에는 LED 신호등을 사용하기 힘들까?	119
문제 10	왜 화력발전은 지구 환경에 좋지 않을까?	121
문제 11	왜 불이 켜진 전구 2개 중 하나를 빼도 남은 전구는 밝게 빛날까?	123
문제 12	자기부상열차의 속도는 무려 시속 500km! 어떻게 하면 그렇게나 빠를까?	125
문제 13	왜 손톱깎이를 사용하면 손톱을 깎기 쉬울까?	127
문제 14	왜 달걀은 맹물에는 가라앉는데 소금물에는 뜰까?	129
문제 15	왜 무거운 물건은 끌어당기기 어려울까?	131
문제 16	왜 낮보다 밤에 소리가 더 멀리 울려 퍼질까?	133
문제 17	우주복을 입은 두 사람이 우주에서 대화하려면 어떻게 해야 할까?	135
문제 18	왜 구급차가 지나갈 때 사이렌 소리가 달라질까?	137
문제 19	왜 바다는 파랗게 보일까?	139
문제 20	왜 낮에 하늘이 파랗게 보일까?	141
문제 21	왜 비가 그치면 무지개가 뜰까?	143

화학

문제 01	왜 양초에 불을 붙이면 액체인 촛농이 줄줄 흐를까?	145
문제 02	왜 불꽃은 일렁일까?	147
문제 03	왜 꼬깃꼬깃한 종이를 태우면 '연기'가 많이 날까?	149
문제 04	왜 얼음물이 든 컵은 축축하게 젖을까?	151
문제 05	왜 주전자에서 나오는 김은 주전자 주둥이에서 살짝 떨어진 곳부터 보일까?	153
문제 06	왜 꽝꽝 언 얼음을 집으면 손에 달라붙을까?	155
문제 07	왜 드라이아이스를 바닥에 던지면 쓱 미끄러질까?	157
문제 08	왜 탄산음료가 든 페트병을 흔들면 팽팽해질까?	159
문제 09	왜 물에 각설탕을 넣으면 아지랑이가 보일까?	161
문제 10	왜 얼음의 가운데는 하얀색일까?	163
문제 11	공기에는 어떤 기체가 들어 있을까?	165
문제 12	'과산화수소수'와 '옥시돌'은 무엇이 다를까?	167
문제 13	왜 욕조에 입욕제를 넣으면 거품이 날까?	169
문제 14	왜 수소를 '깨끗한 에너지'라고 할까?	171
문제 15	왜 캔은 알루미늄과 철 두 종류가 있을까?	173
문제 16	왜 스마트폰을 만들 때 '금'을 사용할까?	175
문제 17	왜 홍차에 레몬을 뿌리면 색이 옅어질까?	177
문제 18	왜 씁쓸한 생채소도 드레싱을 뿌리면 먹을 만할까?	179
문제 19	왜 산성비는 평범한 비보다 산성이 셀까?	181
문제 20	왜 지구 대기 속에는 산소가 있을까?	183
문제 21	왜 플라스틱은 태우면 안 될까?	185

설명을 더한 찾아보기 … 187

표지 디자인(원서) 후지쓰카 쇼코(etokumi) 본문 디자인 니노미야 다다시 DTP 마린크레인
도판(해답 페이지) 구마 아트 일러스트(표지, 문제 페이지) 에노키 노코, 쓰지이 다카히로

생물

문제 01

왜 꽃잎이 있는 꽃과 없는 꽃이 있을까?

힌트 꽃잎은 어떤 역할을 할까요?

해답

질문
왜 꽃잎이 있는 꽃과 없는 꽃이 있을까?

꽃가루를 곤충 같은 동물이 옮겨주는 꽃과 바람이 옮겨주는 꽃이 있기 때문이지요.

해설

꽃에서 씨앗이 만들어지려면 수술에서 나오는 꽃가루를 암술머리로 옮겨야 해요. **알록달록한 꽃잎은 곤충 같은 동물을 유혹해서 꽃가루를 옮기게 하는 역할을 하지요.**

반면 꽃잎이 없는 꽃은 대부분 바람이 꽃가루를 옮겨준답니다.

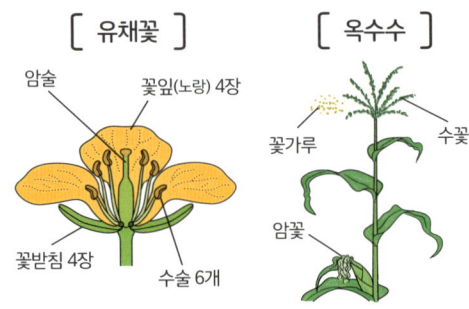

꽃가루받이(수분)
수술에서 나온 꽃가루가 암술머리에 옮겨 붙는 일
1. 곤충이 꽃가루를 옮겨주는 꽃(충매화)에는 예쁜 꽃잎이 핀다.
2. 바람이 꽃가루를 옮겨주는 꽃(풍매화)에는 대부분 꽃잎이 없다.
   예) 소나무, 삼나무, 옥수수, 억새 등

꽃가루받이 후
암술의 **씨방**이 **열매(과실)**가 되고 **밑씨**가 **씨(종자)**가 된다.

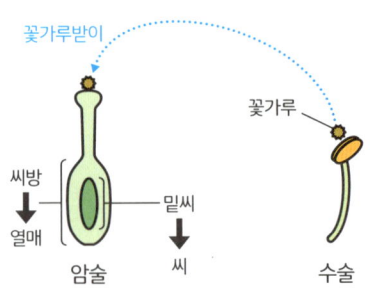

충매화의 꽃가루는 대부분 곤충에 잘 달라붙는 형태예요.

📖 검정말처럼 꽃이 물속에서 피고 꽃가루를 물이 옮겨주는 식물도 있다(수매화).

생물

문제 02

왜 소나무나 삼나무의 꽃가루는 알레르기를 잘 일으킬까?

힌트 소나무나 삼나무는 꽃가루가 어떻게 옮겨질까요?

해답

질문
왜 소나무나 삼나무의 꽃가루는 알레르기를 잘 일으킬까?

소나무나 삼나무는 바람에 멀리멀리 날아갈 수 있는 꽃가루를 잔뜩 만들기 때문이지요.

해설

소나무나 삼나무는 바람이 꽃가루를 옮겨주는 식물(풍매화)이에요. 풍매화의 꽃가루에는 공기주머니가 있어서 **쉽게 멀리 날아가지요. 꽃가루받이를 바람에 맡기기 때문에 바람에 잘 날리는 꽃가루를 잔뜩 만들어야 한답니다.**

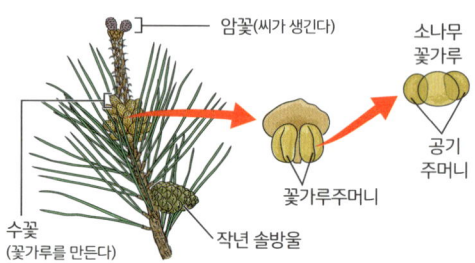

[소나무의 구조]

겉씨식물
밑씨가 씨방에 싸여 있지 않고 밖으로 드러나 있는 식물
예) 소나무, 삼나무, 은행나무, 소철 등

겉씨식물의 꽃 구조
꽃잎과 꽃받침이 없으며 수꽃과 암꽃(수나무와 암나무) 두 종류의 꽃이 핀다.

풍매화 식물
겉씨식물과 옥수수, 억새 등 볏과 식물이 대다수다.

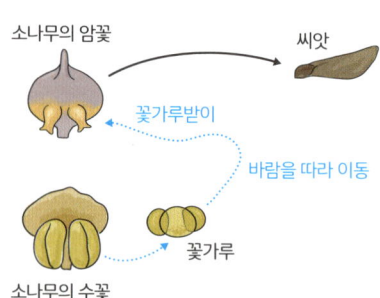

[소나무의 꽃가루받이]

풍매화 식물의 꽃가루는 대체로 공기 저항을 받기 쉬운 형태랍니다.

 풍매화 식물이 아니더라도 꽃가루 알레르기를 일으키기도 한다.

민들레꽃 하나에 꽃잎이 5장이라니, 정말일까?

힌트 민들레의 꽃 하나란 무엇일까요?

해답

질문
민들레꽃 하나에 꽃잎이 5장이라니, 정말일까?

꽃잎이 5장인 작은 꽃이 잔뜩 모여 커다란 꽃 한 송이처럼 보이는 거랍니다.

해설

민들레와 해바라기 같은 '국화과' 식물은 대부분 **작은 꽃들이 한곳에 잔뜩 모여 있어요.**

민들레꽃 하나란 커다란 꽃 한 송이가 아니라 모여 있는 작은 꽃 하나하나를 말한답니다.

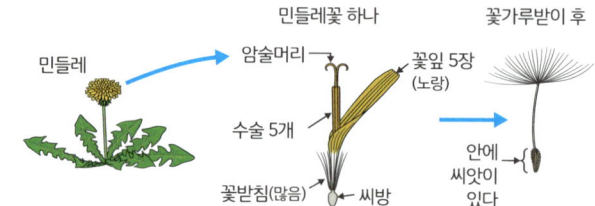

국화과 식물
민들레, 해바라기, 금잔화, 코스모스 등

국화과 식물의 꽃 특징
❶ 작은 꽃이 한곳에 가득 모여 있다.
❷ 꽃 하나에 꽃잎 5장이 피며, 꽃잎은 서로 붙어 있다(통꽃 또는 합판화라고 부른다).

그 밖의 통꽃 식물
나팔꽃(메꽃과), 진달래(진달랫과), 수세미외(박과), 감자(가짓과) 등

유채꽃(십자화과), 벚꽃(장미과), 완두(콩과) 같은 꽃들은 꽃잎이 낱낱이 갈라져 있는 갈래꽃(이판화) 식물이에요.

꽃의 씨방은 대부분 꽃받침보다 위에 있지만 민들레는 아래에 있다.

생물

문제 04

우리가 먹는 브로콜리는 식물의 어느 부분일까?

힌트 브로콜리를 자세히 들여다보세요.

해답

질문
우리가 먹는 브로콜리는 식물의 어느 부분일까?

바로 꽃봉오리랍니다.

해설

브로콜리는 십자화과 식물이며 **수확하지 않으면 노란 꽃이 피어요.**

우리가 먹는 브로콜리는 **줄기에서 자란 꽃봉오리**랍니다. 봉오리는 영양소가 풍부해서 꽃이 피기 전에 수확하여 먹는 거지요.

[브로콜리]
꽃봉오리

십자화과 식물   유채꽃, 냉이, 무, 순무, 브로콜리 등

다른 부분을 먹는 식물

❶ **뿌리를 먹는 식물**: 고구마, 우엉, 무, 당근 등
❷ **줄기를 먹는 식물**: 연근, 죽순, 감자 등
❸ **잎을 먹는 식물**: 양상추, 양파, 시금치 등
❹ **씨앗을 먹는 식물**: 벼, 옥수수, 밤, 콩 등
❺ **열매를 먹는 식물**: 호박, 가지, 토마토 등

뿌리를 먹음	줄기를 먹음	잎을 먹음	씨앗을 먹음	열매를 먹음
무, 고구마	연근, 감자	양상추, 양파	밤, 벼	토마토, 호박

브로콜리의 줄기도 영양소가 많고 맛있답니다!

 우리가 먹는 감자는 양분을 가득 저장한 땅속줄기이다.

문제 05 생물

왜 연근에는 커다란 구멍이 있을까?

힌트 연근이 어디서 자라는지 생각해보세요!

25

해답

질문
왜 연근에는 커다란 구멍이 있을까?

호흡을 하는 데 필요한 산소가 들어와야 하기 때문이지요.

해설

식물은 살아가는 데 필요한 에너지를 만들어내려고 호흡을 해요.

연근은 진흙 속에서 자라는데, **진흙 속에는 호흡에 필요한 산소가 적기 때문에** 커다란 구멍을 만들어 **바깥 공기가 잘 지나다닐 수 있도록** 하는 거랍니다.

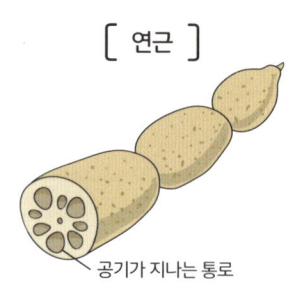

[연근]
공기가 지나는 통로

식물의 작용
❶ **광합성**: 이산화탄소와 물로 산소와 녹말을 만든다.
❷ **호흡**: 산소와 녹말로 이산화탄소와 물을 만들며 에너지를 생산한다.
❸ **증산작용**: 잎에 있는 기공으로 수증기를 내보낸다.

식물의 구조
❶ **물관**: 뿌리에서 빨아들인 물과 비료가 지나는 통로
❷ **체관**: 잎에서 만들어진 양분이 지나는 통로
❸ **엽록체**: 광합성이 일어나는 부분
❹ **기공**: 기체가 드나드는 입구

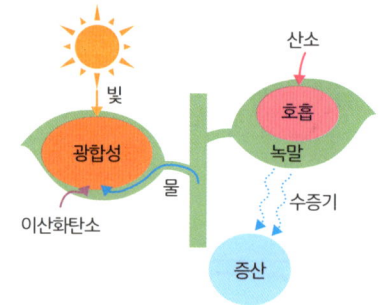

[기공의 단면도]   [잎의 표면]

기공은 산소, 이산화탄소, 수증기 같은 기체가 드나드는 입구랍니다.

📖 물관과 체관은 뿌리에서부터 줄기를 거쳐 잎까지 연결되어 있다.

생물

문제 06

왜 여름에 꽃이 피는 미나리가 '봄을 대표하는 식물'일까?

힌트 정월에 먹는 봄나물은 식물의 어느 부분일까요?

해답

질문
왜 여름에 꽃이 피는 미나리가 '봄을 대표하는 식물'일까?

미나리는 꽃이 아니라
줄기와 잎을 먹기 때문이지요.

해설

미나리는 봄을 대표하는 식물 가운데 유일하게 여름에 꽃이 펴요. 봄을 대표하는 식물은 '봄에 예쁜 꽃이 피는 식물'이 아니에요. 옛날에는 **무병장수를 기원**하며 먹었고, 요즘에는 **연말연시에 지친 속을 달래려고** 이 식물들로 죽을 쑤어 먹지요.

봄을 대표하는 식물
미나리, 냉이, 떡쑥, 별꽃, 개보리뺑이, 순무, 무 등이 있다. 순무와 무는 십자화과, 떡쑥과 개보리뺑이는 국화과이다.

가을을 대표하는 식물
싸리, 참억새, 칡, 패랭이꽃, 마타리, 등골나물, 도라지 등이 있다.

| 미나리 | 냉이 | 떡쑥 | 별꽃 | 개보리뺑이 | 순무 | 무 |
| 싸리 | 참억새 | 칡 | 패랭이꽃 | 마타리 | 등골나물 | 도라지 |

가을을 대표하는 식물 가운데 싸리와 칡은 콩과 식물이에요.

미나리는 위장을 달래는 효능이 있다.

왜 나팔꽃은 이른 아침에 필까?

힌트 나팔꽃을 피우는 건 빛이 아니라 어둠……?

1 이 동물원에 사는 사자의 이름은 '모닝 글로리'입니다.

2 모닝 글로리는 우리말로 나팔꽃이라는 뜻인데…….
왜요?

3 어흥 하며 아침을 깨우기 때문이지!
꼬끼오~
어흥~
으악
원장

해답

 질문
왜 나팔꽃은 이른 아침에 필까?

나팔꽃은 해가 지고 약 9시간 뒤에 꽃이 피는 성질이 있기 때문이지요.

해설

나팔꽃은 7월 중순부터 이른 아침(3~4시쯤)에 꽃을 피워요. **일몰 후 어둠이 찾아오고 9시간 정도 지나서 꽃이 피는 성질**이 있는 데다 하지(6월 21일경)부터 해가 조금씩 짧아지기 때문에 이른 아침에 꽃이 피는 것이지요.

. . . .

나팔꽃 키우는 법

① **씨뿌리기**: 5~6월 초순. 건강한 씨앗을 고른다.
② **발아 시기**: 흙 표면이 마르면 물을 준다.
③ **새잎과 덩굴이 자라는 시기**: 덩굴이 15cm쯤 뻗으면 지지대를 세운다.
④ **개화 시기·열매를 맺는 시기**: 더운 날이 계속되면 한나절 동안 그늘에 둔다.
　밤이 길어지면 꽃이 피는 식물: 나팔꽃, 국화, 벼 등(**단일식물**)
　밤이 짧아지면 꽃이 피는 식물: 유채꽃, 무 등(**장일식물**)

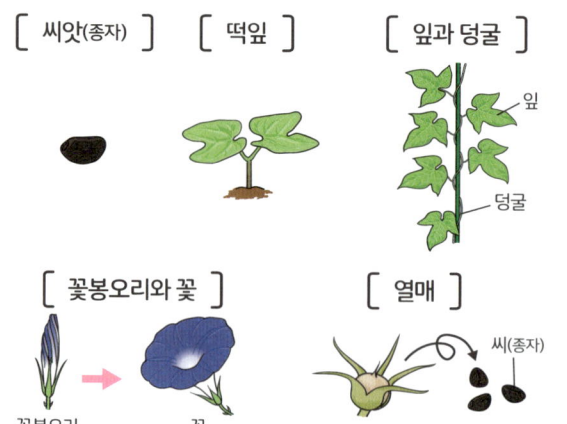

 나팔꽃은 메꽃과 식물이에요. 메꽃과에는 메꽃, 유홍초, 고구마가 있답니다.

📘 단일식물은 하지부터 동지까지 꽃이 핀다.

문제 08 생물

왜 완두의 수술과 암술은 꽃잎에 싸여 있을까?

힌트 완두는 언제 꽃을 피울까요?

해답

질문
왜 완두의 수술과 암술은 꽃잎에 싸여 있을까?

완두는 하나의 꽃 안에서 꽃가루받이(제꽃가루받이)가 일어나기 때문이지요.

해설

완두 꽃은 꽃잎 5장과 꽃받침 5장, 수술 10개와 암술 1개로 이루어져 있어요. 수술과 암술은 서로 바짝 붙어 있으며 꽃잎에 단단히 싸여 있지요. 완두는 **꽃가루받이가 끝나면 꽃이 핀답니다.**

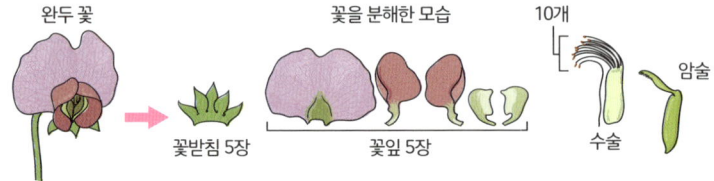

완두 꽃의 구조(콩과 식물)

1. 꽃잎 5장(크기는 세 종류), 꽃받침 5장, 수술 10개(9개+1개), 암술 1개
2. 수술 끝이 암술 끝에 가까이 붙은 상태로 꽃잎에 둘러싸여 있다.

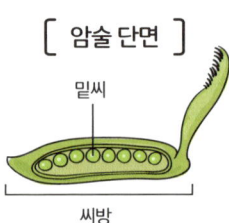

제꽃가루받이: 하나의 꽃 안에서 일어나는 꽃가루받이(곤충이나 바람이 꽃가루를 옮기지 않아도 꽃가루받이가 일어난다). 완두, 나팔꽃 등은 제꽃가루받이를 한다.

콩과 식물: 완두, 누에콩, 대두, 팥, 토끼풀, 자운영, 싸리, 칡 등

싸리와 칡은 '가을을 대표하는 식물'이었지요?

콩과 식물은 꽃잎이 낱낱이 갈라져 있는 갈래꽃 식물이다.

생물 문제 09

왜 장수풍뎅이는 야행성일까?

힌트 장수풍뎅이의 몸 구조를 생각해보세요.

해답

질문
왜 장수풍뎅이는 야행성일까?

장수풍뎅이는 시력이 거의 없어서 더듬이로 냄새를 맡으면서 움직이기 때문이지요.

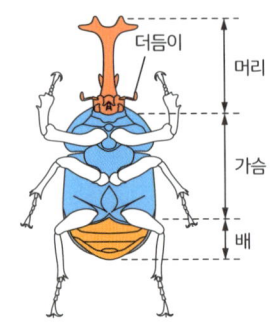

해설

장수풍뎅이는 밤이 되면 상수리나무의 수액을 먹으러 가요. **시력이 거의 없어서 맛이나 냄새를 느끼는 더듬이에만 의지해 움직이기 때문**이에요.

또 밤에 돌아다니면 적을 마주칠 일이 적다는 장점도 있답니다.

곤충의 몸 구조
① 머리, 가슴, 배로 나뉜다.
② 머리에 겹눈과 홑눈, 더듬이와 입이 있다. 가슴에는 다리 6개와 날개가 달려 있다.
③ 몸이 딱딱한 껍데기로 덮여 있으며 다리에 마디가 있다.

장수풍뎅이의 한살이
① 알 → 애벌레 → 번데기 → 성충(완전탈바꿈)
② **겨울나기**: 애벌레 상태로 땅속에서 겨울을 보낸다(썩은 나무를 먹는다).

곤충의 입은 '핥는 입', '씹는 입', '빨아먹는 입', '꽃아서 빠는 입' 등이 있답니다!

장수풍뎅이처럼 앞날개가 딱딱한 곤충을 '딱정벌레'라고 한다(무당벌레, 풍이, 반딧불이, 사슴벌레 등).

생물
문제 10

왜 나비의 날개에는 가루가 붙어 있을까?

힌트 비 오는 날에 엄청난 활약을?!

35

해답

질문
왜 나비의 날개에는 가루가 붙어 있을까?

비가 내리는 날에 가루가 비를 튕겨내서 날개가 무거워지지 않도록 해주기 때문이지요.

해설

나비와 나방의 날개 겉에는 '인분'이라고 부르는 가루가 붙어 있어요. 인분의 모양과 색은 나비와 나방의 종류에 따라 다르지만, **모두 물을 튕겨내는 역할을 하지요.**

또 날개에서 인분이 많이 떨어져나가면 하늘을 훨훨 날기 힘들답니다.

[배추흰나비의 인분]

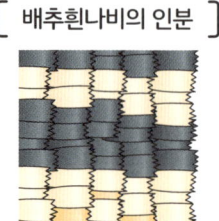

배추흰나비의 한살이

① **알**: 연노란색에 크기는 약 1mm이다.
② **애벌레**: 갓 태어난 애벌레는 빠져나온 알껍데기를 먹은 다음 양배추 잎을 먹는다. 애벌레는 껍질을 4번 벗으면서 성장하고 5번째 탈피를 하며 번데기가 된다.
③ **번데기**: 겨울나기를 하며 성충으로 탈바꿈한다(나비처럼 생긴 곤충은 완전탈바꿈).
④ **성충**: 꽃에서 나오는 꿀을 먹으며, 암나비는 양배추 잎 뒷면에 알을 낳는다.

배추흰나비의 애벌레를 '배추벌레'라고도 부르며, 애벌레의 다리는 걷는 다리 6개, 어딘가에 들러붙는 다리 10개로 나뉜답니다.

📘 독나방이라고 불리는 나방의 인분에는 독이 묻은 털이 있다. 만지면 피부가 심하게 붓고 아프다. (조심하세요!)

왜 가리비에는 커다란 조개관자가 붙어 있을까?

힌트 한 쌍의 껍데기가 몸을 덮고 있는 이매패류예요.

1. 소라게의 집은 조개껍데기입니다. 그러면 가리비의 집은 무엇일까요?
   으음~? 가리비가 조개잖아…….

2. 정답은…….

3. 구멍도 가리지 못해 비 새는 집!
   헐….

해답

질문
왜 가리비에는 커다란 조개관자가 붙어 있을까?

관자의 근육(패주)이
껍데기를 닫는 역할을 하기 때문이지요.

해설

가리비 같은 이매패류는 관자가 있고, **관자의 근육으로 조개껍데기를 닫는답니다.**
  가리비는 다른 이매패류보다 **관자가 커서 껍데기를 닫는 힘도 셉니다.** 그렇기 때문에 있는 힘껏 닫으면서 껍데기 안의 물을 뿜어내 헤엄칠 수도 있지요.

무척추동물   등뼈가 없는 동물
❶ **절지동물**: 몸이 단단한 껍데기(외골격)로 덮여 있고 다리에 마디가 있는 무척추동물
  예) 곤충류, 거미류, 다지류, 갑각류
❷ **그 밖의 무척추동물**
  예) 이매패류·달팽이·민달팽이·문어·오징어 같은 연체동물, 성게·불가사리 같은 극피동물, 지렁이·거머리 같은 환형동물

가리비는 특정한 식물성 플랑크톤을 먹는답니다.

📘 가리비는 '아가미'에 달린 가느다란 털로 먹이를 감아 먹으면서 동시에 이 '아가미'로 호흡한다.

왜 사마귀의 애벌레와 성충은 닮았을까?

힌트 장수풍뎅이와 나비에게는 있지만 사마귀에게는 없는 것은?

해답

질문
왜 사마귀의 애벌레와 성충은 닮았을까?

사마귀는 번데기를 거치지 않고 애벌레에서 바로 성충이 되기 때문이지요.

해설

장수풍뎅이와 나비 같은 곤충은 번데기를 거치며 몸집을 크게 키우지만, <u>사마귀와 메뚜기 같은 곤충은 번데기 과정 없이 애벌레에서 성충이 돼요(불완전탈바꿈이라고 해요)</u>.
그래서 애벌레와 성충이 닮았답니다.

완전탈바꿈
'**알 → 애벌레 → 번데기 → 성충**' 순서로 자란다.
예) 장수풍뎅이, 사슴벌레, 무당벌레, 벌, 나비, 개미, 모기, 나방, 파리 등

불완전탈바꿈
'**알 → 애벌레 → 성충**' 순서로 자란다.
예) 흰개미, 바퀴벌레, 잠자리, 매미, 메뚜기, 사마귀, 귀뚜라미, 이, 노린재 등

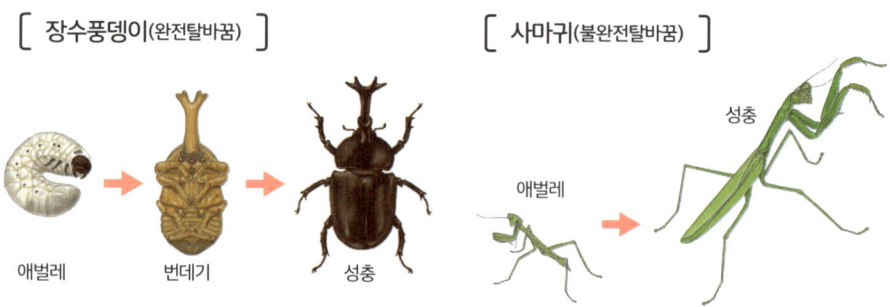

 완전탈바꿈 하는 곤충은 대부분 애벌레에서 성충이 되면서 먹이의 종류가 달라지지만, 불완전탈바꿈 하는 곤충은 대체로 애벌레와 성충이 비슷한 먹이를 먹어요.

📖 무당벌레처럼 완전탈바꿈을 하더라도 애벌레와 성충이 똑같은 먹이를 먹는 곤충도 있다(무당벌레는 진딧물을 먹는다).

왜 곰은 겨울잠을 잘까?

힌트 박쥐와 개구리가 겨울잠을 자는 이유와는 달라요.

1 곰은 겨울에 겨울잠을 자고 봄이 되면 깨어납니다.

2 아빠, 저는 나중에 곰이 될래요!
왜?

3 겨울잠을 자야 하니까 방학 숙제를 안 해도 되잖아요♪

4 그러면 크리스마스 케이크랑 선물이랑 세뱃돈도 못 받을 텐데?
그건 안 돼~!
쿠-궁

해답

질문
왜 곰은 겨울잠을 잘까?

겨울이 되면 먹이를 구하기 어려워서 가만히 있는 편이 효율적이기 때문이지요.

해설

박쥐와 개구리는 겨울이 되면 체온이 떨어져서 움직임이 둔해지기 때문에 겨울잠을 자요. 곰은 박쥐나 개구리와 달리 **기온이 낮아져도 스스로 체온을 따뜻하게 유지할 수 있는 동물**(항온동물)이에요. 하지만 먹이를 찾기 힘든 겨울에는 에너지를 쓰지 않고 가만히 있는 편이 효율적이므로 겨울잠을 잔답니다.

[박쥐와 개구리의 겨울잠]
박쥐의 겨울잠   개구리의 겨울잠

척추동물 등뼈가 있는 동물
1. **척추동물의 종류**: 어류, 양서류, 파충류, 조류, 포유류
2. **항온동물**: 기온이 달라져도 스스로 **체온을 일정하게 유지하는 동물**(조류, 포유류)
   변온동물: 기온에 따라 **체온이 변하는 동물**(어류, 양서류, 파충류 등)
3. **겨울잠을 자는 동물**: 겨울이 되면 체온이 떨어져서 잘 움직이지 못하는 동물
   예) 개구리·도롱뇽 같은 양서류, 도마뱀붙이·도마뱀·뱀 같은 파충류, 박쥐·다람쥐 같은 몇몇 작은 포유류

	어류	양서류	파충류	조류	포유류
생활	물속	땅 위			
호흡	아가미	폐			
산란	물속	땅 위			
체온	변온			항온	
피부	비늘	점막 피부	비늘	깃털	털

박쥐와 다람쥐는 포유류이지만 기온이 많이 떨어지면 체온도 같이 떨어진답니다.

📖 어류는 변온동물이지만 물속은 온도가 크게 변하지 않으므로 겨울잠을 자지 않아도 된다.

생물

문제 14

왜 개의 입술은 검을까?

힌트 개와 사람의 가장 큰 차이점은 무엇일까요?

해답

질문
왜 개의 입술은 검을까?

이빨을 써서 감정을 표현할 때, 하얀 이빨이 더 잘 보이기 때문이지요.

해설

개는 하얀 이빨을 써서 감정을 표현하기도 하는데, 이때 하얀 이빨을 더 잘 보이게 하려고 입술이 까맣답니다.

 개의 이빨에는 송곳니, 앞니, 어금니 등이 있으며 저마다 역할이 달라요.

육식동물과 초식동물 눈의 위치와 이빨이 다르다.
1. **육식동물**: 다른 동물을 잡아먹는 동물(사자, 치타, 표범 등)
   눈의 위치: 앞에 2개가 있다(사냥감과 떨어진 거리를 정확히 가늠한다).
   이빨의 특징: 뾰족한 송곳니가 발달했다(사냥감을 죽이기 쉽다).
2. **초식동물**: 식물을 먹는 동물(얼룩말, 기린, 말, 사슴 등)
   눈의 위치: 옆에 붙어 있다(넓은 범위를 볼 수 있다).
   이빨의 특징: 크고 넓은 어금니가 발달했다(풀을 으깨 먹는다).

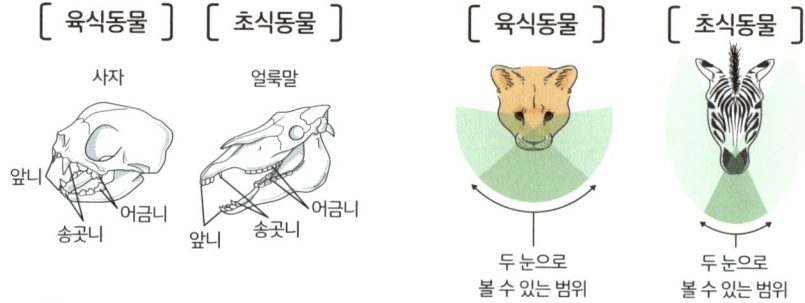

 풀은 소화하는 데 시간이 오래 걸리므로 초식동물의 장은 아주 길답니다.

📖 개의 후각은 사람보다 100만 배에서 1억 배나 예민하다고 한다.

생물

문제 15

왜 대게의 다리는 10개인데 킹크랩의 다리는 8개일까?

힌트 '킹크랩'은 대게와 같은 종일까요?

해답

  질문

왜 대게의 다리는 10개인데 킹크랩의 다리는 8개일까?

킹크랩은 게보다 소라게에 가깝기 때문이지요.

해설

킹크랩은 대게보다 소라게에 가까워요. 소라게는 몸 안에 다리 2개가 숨어 있어서 겉으로는 다리가 8개만 보인답니다. **킹크랩도 마찬가지로 두 다리가 퇴화해서 등딱지 속에 숨어 있어요.**

절지동물 무척추동물 중 하나

❶ **몸의 특징**: 다리에 마디가 있다. 몸이 딱딱한 껍데기로 덮여 있다.
❷ **절지동물의 종류**
  곤충류: 장수풍뎅이, 나비, 사마귀, 베짱이 등
  거미류: 거미, 진드기, 전갈 등
  다지류: 지네, 노래기 등
  갑각류: 새우, 게, 공벌레, 물벼룩, 소라게 등

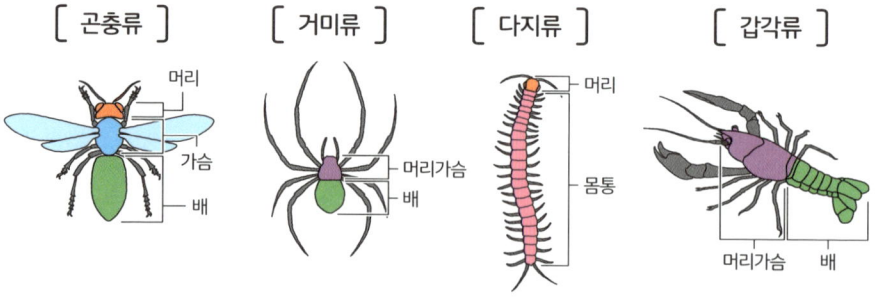

곤충류와 다지류는 '기관'으로 호흡해요.

 공벌레는 다리가 14개다(갑각류는 보통 다리가 10개다).

생물

문제 16

왜 밥을 먹고 나서 물구나무를 서도 역류하지 않을까?

힌트 우리 몸에서 음식이 지나가는 길은 무엇으로 이루어져 있을까요?

해답

질문
왜 밥을 먹고 나서 물구나무를 서도 역류하지 않을까?

식도는 근육으로 되어 있으며 굳게 닫혀 있기 때문이지요.

해설

음식이 식도로 들어가면 **식도의 근육이 음식물을 위까지 옮겨줘요.** 식도 근육과 위와 식도 사이에 있는 근육은 보통 닫혀 있어서 음식물이 역류하지 않지요.

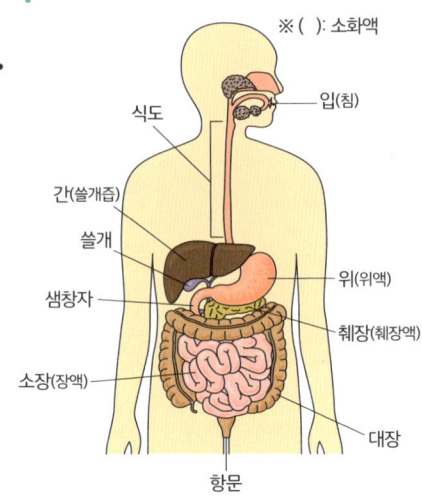

※ ( ): 소화액

소화　음식물 속의 영양분을 흡수하기 쉬운 형태로 만드는 일

① **소화기관**: 입, 식도, 위, 샘창자(십이지장), 소장, 대장, 간, 췌장(이자), 쓸개, 항문
② **소화관**: 음식물이 지나는 통로. 입 → 식도 → 위 → 샘창자 → 소장 → 대장 → 항문
③ **3대 영양소**: 탄수화물, 단백질, 지방을 3대 영양소라고 한다.
　탄수화물: 포도당으로 분해하여 소장에서 흡수한다.
　단백질: 아미노산으로 분해하여 소장에서 흡수한다.
　지방: 지방산과 모노글리세라이드로 분해하여 소장에서 흡수한다.

[3대 영양소의 소화]

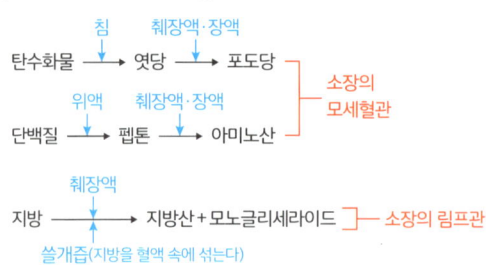

영양분을 흡수하는 소장의 길이는 약 6m에 달하며, 쫙 펼치면 테니스 코트만큼 넓다고 해요!

💧 췌장에서 만들어지는 '췌장액'은 3대 영양소를 모두 분해한다.

사람의 폐와 새의 폐는 무엇이 다를까?

힌트 폐의 활동을 돕는 부위가 달라요.

해답

질문
사람의 폐와 새의 폐는 무엇이 다를까?

사람은 '가로막(횡격막)'이,
새는 '공기주머니(기낭)'가 폐의 활동을 도와요.

해설

폐는 산소와 이산화탄소를 교환해요. 이때, 사람은 '가로막'의 상하 운동이, **새는 '공기주머니'의 수축 운동**이 폐의 활동을 돕지요. 공기주머니는 '앞쪽 공기주머니'와 '뒤쪽 공기주머니'로 나뉘어 있어서 들이마신 산소를 온몸 구석구석까지 보낼 수 있답니다.

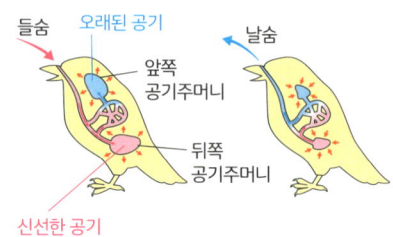

호흡 산소와 탄수화물로 살아가는 데 필요한 에너지를 만들어내는 일

① **사람의 호흡기관**: 입, 코, 기관, 기관지, 폐포(허파꽈리), 가로막
② **폐포**: 직경 0.1mm 정도 되는 작은 주머니. 폐 속에 폐포가 수억 개 모여 있다.
③ **가로막**: 가로막이 내려가면 폐 속으로 공기가 들어오고, 가로막이 올라가면 폐에서 공기가 빠져나간다.

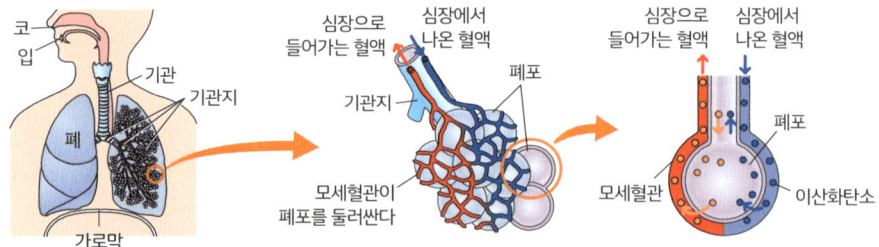

들숨에 들어 있는 산소는 약 21%이고 날숨에 들어 있는 산소는 약 16%예요. 5% 정도의 산소가 호흡하는 데 쓰이는 셈이지요.

📖 공기주머니의 기능(산소 흡수율이 높음) 덕분에 새는 산소가 적은 높은 하늘에서도 살 수 있다.

문제 18 생물

왜 초콜릿을 많이 먹으면 코피가 날까?

힌트 초콜릿에는 어떤 물질이 들어 있을까요?

해답

질문
왜 초콜릿을 많이 먹으면 코피가 날까?

초콜릿에 혈액 순환을 돕는 물질이 들어 있기 때문이지요.

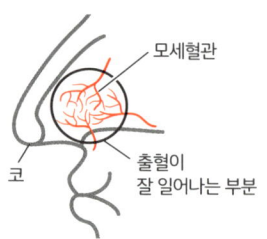

해설

초콜릿 속에는 **혈액 순환을 돕는 폴리페놀이라는 물질**이 들어 있어요. 또 카페인이 신경을 흥분시켜서 콧속 모세혈관이 끊어져 코피가 난다고 해요.

혈액의 역할 몸 곳곳에 산소와 영양분을 보내고 불순물을 받는다.

❶ **혈액의 성분**: 고체 → **적혈구, 백혈구, 혈소판**
  　　　　　　액체 → **혈장**
❷ **적혈구의 역할**: 산소를 온몸으로 운반한다. **헤모글로빈**이라는 색소가 들어 있다.
❸ **모세혈관**: 온몸에 그물 모양으로 퍼져 있는 가는 혈관

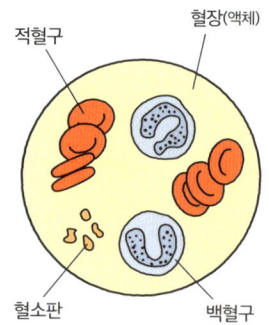

상처 부위에 '딱지'가 앉는 이유는 혈소판의 작용 때문이랍니다.

적혈구(고체)	산소를 옮긴다.
백혈구(고체)	몸속 세균을 먹는다.
혈소판(고체)	혈액을 굳힌다.
혈장(액체)	영양분이나 불순물을 옮긴다.

모세혈관은 전체 혈관의 약 95%를 차지하며, 전체를 하나로 이으면 지구 2.5바퀴를 돌 수 있다고 한다.

왜 밥을 잔뜩 먹으면 졸릴까?

힌트 밥을 먹으면 혈액이 어떻게 될까요?

해답

질문
왜 밥을 잔뜩 먹으면 졸릴까?

혈액 속 당분의 농도가 갑자기 높아져서, 이것을 억제하는 물질이 나오기 때문이지요.

해설

쌀처럼 탄수화물이 한가득 들어 있는 음식을 잔뜩 먹으면 혈액 속 당분의 농도가 급격히 높아져요. 그러면 췌장에서 '인슐린'이라는 물질이 나와서 당분의 농도를 확 낮춰주지요. 이때, 졸음과 나른함이 찾아온답니다.

탄수화물의 소화

탄수화물은 최종적으로 포도당으로 분해되어 소장에서 흡수된다.

❶ **융모(융털돌기)**: 소장 안쪽에 촘촘하게 돋아 있는 돌기로, 음식물과 닿는 표면적을 넓혀서 영양소를 더 많이 흡수하도록 돕는다.
　모세혈관: 아미노산, 포도당을 흡수한다.
　림프관: 지방산, 모노글리세라이드를 흡수한다.
❷ **간의 역할**: 소장에서 흡수한 포도당의 일부를 저장하여 혈당치를 유지한다. 또, 쓸개즙을 만들고 오래된 적혈구를 파괴하고 혈액을 저장하며 암모니아를 요산으로 바꾼다.

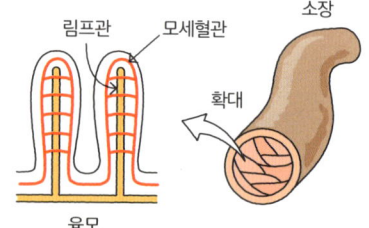

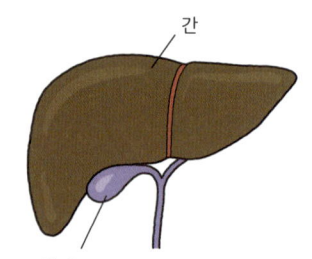

간은 정말 다양한 일을 해요.

📘 간에서 포도당을 '글리코겐'이라는 물질로 바꾸어 잠시 저장한다.

생물 문제 20

왜 왼쪽 가슴에 손을 댔을 때 심장박동이 더 크게 느껴질까?

힌트 심장의 왼쪽과 오른쪽은 무엇이 다를까요?

1 자, 이제부터 실험할 거니까 짝을 지어 앉아주세요.
네—에

2 앗! 미안한데 자리 좀 바꿔줄래?
응?

3 그래, 근데 왜?
아, 그냥…….

4 왼쪽에 앉으면 내 심장 소리가 들리고 말 거야……!
콩닥 콩닥

해답

질문
왜 왼쪽 가슴에 손을 댔을 때 심장박동이 더 크게 느껴질까?

심장 좌심실 벽의 근육이 아주 두꺼워서 움직일 때 큰 힘이 발생하기 때문이지요.

해설

심장은 근육으로 이루어져 있고 4개의 방으로 나뉘어 있어요. 그중에서도 **왼쪽 아래에 있는 좌심실 벽의 근육이 가장 두꺼워서 심장이 움직일 때 아주 큰 힘을 낸답니다.** 그래서 가슴 왼쪽에 손을 대면 심장의 움직임이 잘 느껴지는 것이지요.

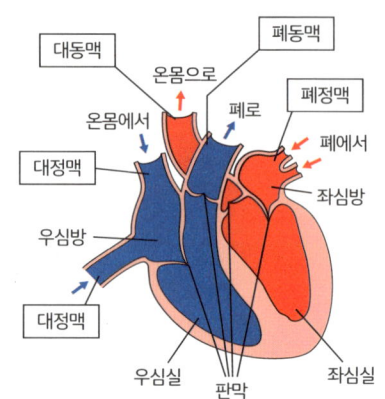

심장의 역할
온몸에 혈액을 보내는 펌프 역할을 한다.

❶ **심장의 방**: 우심방, 좌심방, 우심실, 좌심실로 구분된 방 4개가 있다.

❷ **심장에 연결된 혈관**: 폐동맥, 폐정맥, 대동맥, 대정맥으로 구분된 혈관 4개가 있다.

동맥　심장에서 나온 혈액이 흐르는 혈관
정맥　심장으로 돌아오는 혈액이 흐르는 혈관

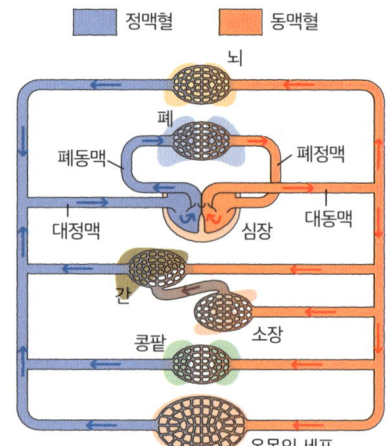

좌심실 벽의 근육이 두꺼운 이유는 온몸으로 혈액을 보내는 대동맥과 연결되어 있어서 큰 힘이 들기 때문이랍니다!

소장과 간을 잇는 혈관(간문맥)에 흐르는 혈액은 식사 후에 가장 많은 영양분이 들어 있다.

'염좌'와 '탈구'의 차이점은 무엇일까?

힌트 뼈가 어떻게 될까요?

해답

  질문

'염좌'와 '탈구'의 차이점은 무엇일까?

뼈가 제 위치에 있으면 '염좌', 어긋나면 '탈구'라고 해요.

해설

평소에 관절이 움직이는 방향과 반대 방향에서 큰 충격이 가해졌을 때 관절을 둘러싼 '인대'가 다치기도 해요.

이때, **관절을 이루는 뼈가 제 위치에 있으면 '염좌', 제자리에서 벗어나 인대에 손상을 주면 '탈구'**라고 하지요.

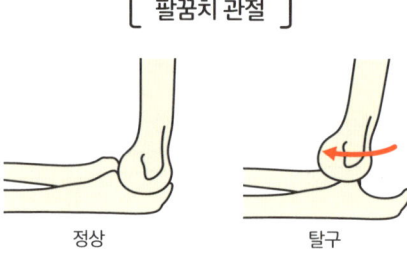

[팔꿈치 관절]

정상 / 탈구

뼈 온몸에 약 200개가 있으며 주성분은 칼슘이다.

뼈의 역할 몸을 지탱하고 움직이며 몸 안쪽을 보호한다.

뼈의 연결 방식

❶ **연골**: 등골뼈, 갈비뼈 등(여러 방향으로 살짝 움직인다.)
❷ **관절**: 손과 발의 뼈 등(정해진 방향으로 크게 움직인다.)
❸ **봉합**: 머리뼈 등(단단히 맞물려 움직이지 않는다.)

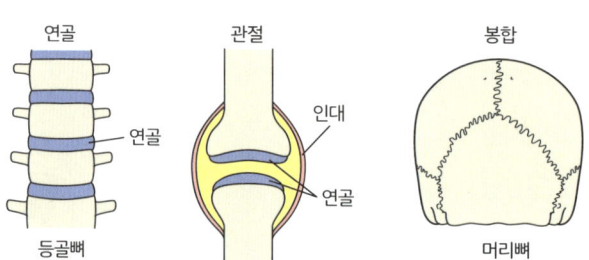

연골 - 등골뼈, 연골
관절 - 인대, 연골
봉합 - 머리뼈

팔꿈치는 팔꿈치 아래쪽에 2개의 뼈가 붙어 있어서 이리저리 잘 돌아간답니다.

📖 사람의 뼈 중에 가장 긴 뼈는 허벅지의 '넙다리뼈(대퇴골)'이며 가장 작은 뼈는 귓속에 있는 '귓속뼈(이소골)'이다.

왜 추우면 '닭살'이 돋을까?

힌트 '닭살'이 돋으면 우리 몸은 어떻게 될까요?

해답

왜 추우면 '닭살'이 돋을까?

털을 곤두세워
추위로부터 몸을 지키기 위해서지요.

해설

춥다고 느끼면 **교감신경**이라는 신경이 반응하여 **모공 근처에 있는 근육인 '털세움근'이 수축해요**. 이때 털이 바짝 서고 모공이 솟아올라 '닭살이 돋은' 상태가 된답니다.

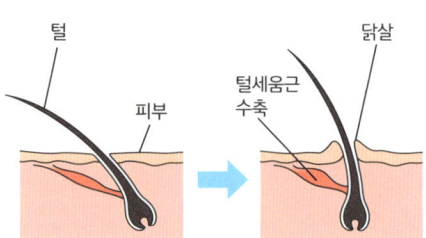

감각기관   빛과 소리 같은 자극을 받아들이는 부분. **눈, 귀, 코, 피부, 혀**

눈의 역할   빛을 받아들인다.
❶ **홍채**: 빛의 양을 조절한다.   ❷ **망막**: 빛의 정보를 전기신호로 바꾼다.

귀의 역할   소리를 받아들인다.
소리가 전달되는 순서   고막 → 귓속뼈 → 달팽이관 → 청신경 → 뇌

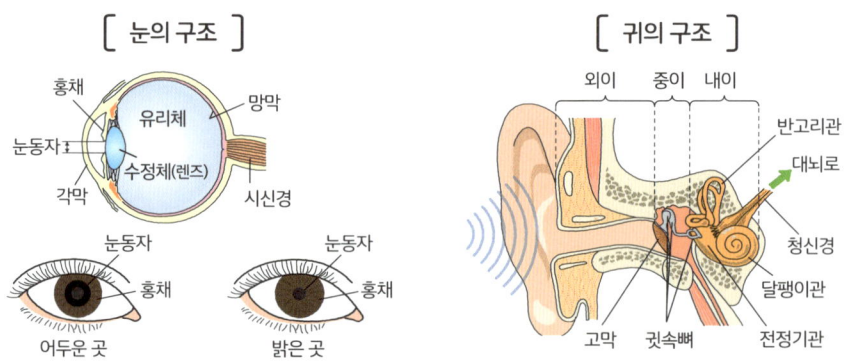

귓속에는 몸의 회전을 느끼는 '반고리관'과 기울기를 느끼는 '전정기관' 같은 기관들이 있답니다.

 피부에 있는 '땀샘'에서 땀이 나면서 체온이 조절된다.

왜 하루는 24시간일까?

힌트 우리는 태양을 중심으로 살아요!

해답

질문
왜 하루는 24시간일까?

태양이 남중한 시간부터 다음 남중할 때까지를 24시간으로 정했기 때문이지요.

해설

북반구에서 태양을 관찰하면 **태양은 '동쪽 → 남쪽 → 서쪽'으로 움직이는** 것처럼 보이고, **태양이 정남쪽에 왔을 때 하루 중 가장 높이 있어요.** 이것을 **태양의 남중**이라고 하지요.
　태양이 남중한 시간부터 다음 남중할 때까지의 시간을 24시간으로 정했답니다.

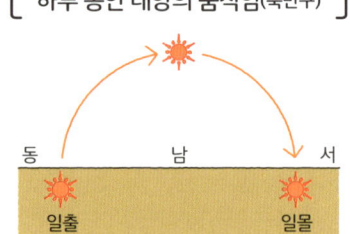
[하루 동안 태양의 움직임(북반구)]
동　　남　　서
일출　　　　일몰

지구의 자전　**북극에서 바라보면 반시계 방향으로 하루에 약 360° 회전**한다.

> 태양이 동쪽에서 서쪽으로 움직이는 것처럼 보이는 이유는 자전 때문이에요!

자전 방향 / 자전축 / 북극 / 적도 / 남극

하루 동안 태양의 움직임
북반구에서 관찰하면 지구의 자전 때문에 **'동쪽 → 남쪽 → 서쪽'**으로 움직이는 것처럼 보인다.

태양의 남중과 남중 시각
태양이 정남쪽에 왔을 때를 **남중**이라고 하며 그 시각을 **남중 시각**이라고 부른다.

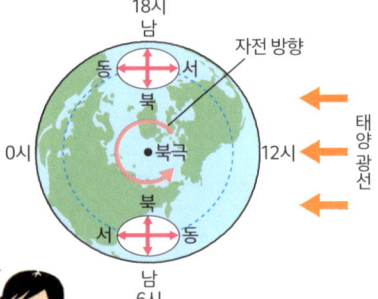

> 본초 자오선에서 동쪽으로 135° 떨어진 동경 135°를 기준으로 태양의 남중 시각을 낮 12시라고 할 때, 135°보다 동쪽으로 갈수록 남중 시각은 빨라지고 서쪽으로 갈수록 느려져요! 1°마다 4분씩 차이가 난답니다.

📖 남반구에서 태양을 관찰하면 '동쪽 → 북쪽 → 서쪽'으로 움직이는 것처럼 보인다.

왜 우주에서는 지구가 파랗게 보일까?

힌트 지구는 무엇으로 덮여 있나요?

해답

질문
왜 우주에서는 지구가 파랗게 보일까?

바다가 지구를 뒤덮은 데다 태양광에서 방출된 푸른빛이 대기 중에서 산란하기 때문이지요.

해설

지구 표면의 약 70%를 바다가 차지해요. 게다가 지구에는 대기가 있는데 **태양광 속 푸른빛이 대기 중에서 산란하며 멀리 흩어지죠.** 우주에서 지구가 파랗게 보이는 주요 원인은 지구를 뒤덮은 바다와 대기 중에서 산란한 푸른빛이랍니다.

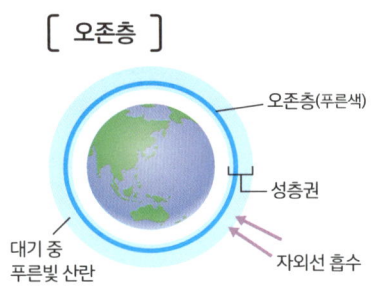

[오존층]
- 오존층(푸른색)
- 성층권
- 자외선 흡수
- 대기 중 푸른빛 산란

오존층은 '성층권'이라는 대기층에 있어요.

지구의 바다
① **바다의 면적**: 약 3억 6,000만 km² 이며 **지구 표면적의 70%**를 차지한다.
② **7개의 바다**: **북태평양, 남태평양, 북대서양, 남대서양, 인도양, 북극해, 남극해**

오존층
① **오존층의 고도**: 지표면에서 약 10~50km 상공
② **오존층의 성질**: 푸른색이며 자극적인 냄새가 나고 해롭다. 태양광 중 자외선을 흡수하는 역할을 한다.

📙 화성이 빨갛게 보이는 이유는 화성 표면에 있는 붉게 녹슨 철 때문이다.

왜 우주는 어두울까?

힌트: 우주 공간과 지구 지표면의 차이점은 무엇일까요?

해답

질문
왜 우주는 어두울까?

우주는 진공 상태에 가까워서 빛을 반사할 물질이 거의 없기 때문이지요.

해설

지구에서 하늘이 파랗게 보이는 이유는 태양광이 지구 대기 중의 작은 입자를 반사하고 그 빛이 우리 눈에 도달하기 때문이에요.

우주가 새까만 이유는 우주 공간이 진공 상태에 가까워 빛을 반사할 물질이 없어서 **빛이 우주 공간을 그냥 통과하기 때문**이랍니다.

[우주 공간의 모습]

빛을 반사할 물질이 없어서 주변이 어둡다
빛은 대부분 통과

우주의 모습
❶ **대기**: 대기는 거의 없으며 **진공 상태에 가깝다**(수소와 헬륨이 아주 조금 있다).
❷ **기온**: **약 -270℃**라고 한다.

우주의 기원
약 138억 년 전에 '빅뱅'이라는 대폭발로 탄생했다. 지구를 포함한 태양계가 탄생한 시기는 지금으로부터 **약 46억 년 전**이다.

[우주의 탄생]

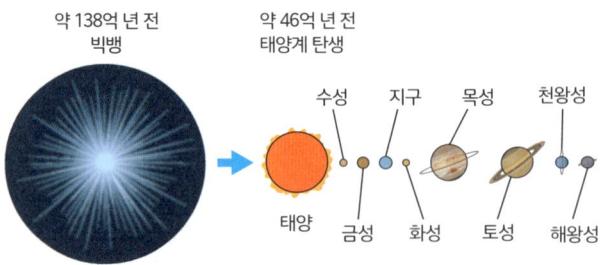

약 138억 년 전
빅뱅

약 46억 년 전
태양계 탄생

수성 지구 목성 천왕성
태양 금성 화성 토성 해왕성

태양계에는 태양, 지구를 포함한 행성, 달을 포함한 위성 등이 있어요.

📖 빅뱅 이후 우주에서 처음으로 거대한 별이 생겨났고, 그 별이 폭발했다고 추정한다(초신성 폭발).

지구과학 문제 04

왜 달의 표면에는 공기가 없을까?

힌트 달에서 몸무게를 재면 어떻게 될까요?

해답

질문
왜 달의 표면에는 공기가 없을까?

달의 중력은 **지구의 약 6분의 1**밖에 되지 않기 때문이지요.

해설

지구에 공기가 있는 이유는 지구의 중력이 공기를 잡아당기기 때문이에요.

그러나 **달의 중력은 지구의 약 6분의 1밖에 되지 않아서 공기를 잡아당길 힘이 없으므로** 달의 표면에는 공기가 없답니다.

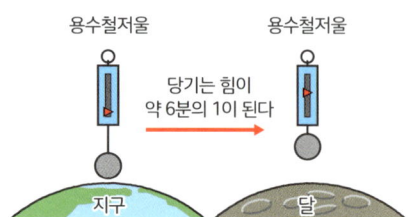

달 지구 주위를 도는(공전하는) 위성

① **지구와의 거리**: 약 38만 km
② **지름**: 지구의 약 4분의 1
③ **중력**: 지구의 약 6분의 1
④ **분화구**: 운석과 충돌해서 생긴 구덩이
⑤ **달의 바다**: 달 표면 가운데 검은 암석으로 덮인 어두운 부분(밝은 암석으로 덮인 부분은 '대륙'이라고 한다.)
⑥ 공기와 물은 없다.

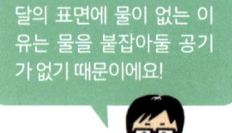
달의 표면에 물이 없는 이유는 물을 붙잡아둘 공기가 없기 때문이에요!

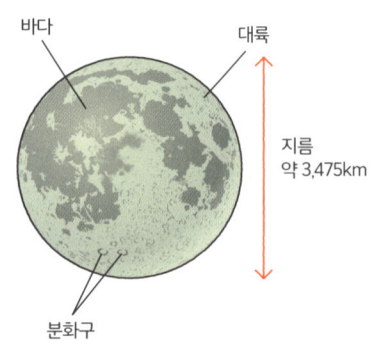

📖 달의 표면 온도는 태양이 비추냐 아니냐에 따라 약 280℃ 차이가 난다.

지구과학 문제 05

왜 해와 달은 우리를 졸졸 따라다닐까?

힌트 지하철 안에서 보면 가까이 있는 건물들은 쌩쌩 스쳐 지나가요.

해답

질문
왜 해와 달은 우리를 졸졸 따라다닐까?

해와 달은 아주 멀리 있어서 자리를 옮겨도 보이는 각도가 거의 달라지지 않기 때문이지요.

해설

해와 달은 아주 먼 곳에 있답니다. 우리가 100m 이동했을 때 가까이 있는 건물은 보이는 각도가 크게 달라지지만, **해와 달은 너무 멀리 있어서 보이는 각도가 거의 달라지지 않아요**. 그래서 해와 달이 졸졸 쫓아다니는 것처럼 보이는 거랍니다.

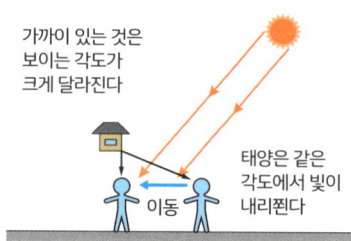

[해와 달이 따라오는 것처럼 보이는 이유]
- 가까이 있는 것은 보이는 각도가 크게 달라진다
- 태양은 같은 각도에서 빛이 내리쬔다
- 이동

지구와 태양과 달의 거리
1. **지구와 태양의 거리**: 약 1억 5,000만 km
2. **지구와 달의 거리**: 약 38만 km

태양 스스로 빛을 내는 항성
1. **색깔**: 노란색
2. **표면 온도**: 약 6,000℃
3. **흑점**: 주변보다 표면 온도가 낮은 곳
4. **지름**: 약 140만 km(지구보다 109배쯤 크다.)

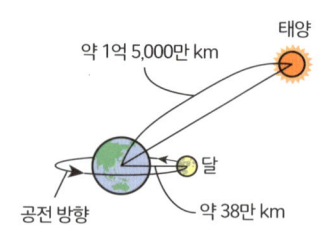

[지구와 태양, 달]
- 태양
- 약 1억 5,000만 km
- 달
- 공전 방향
- 약 38만 km

[태양]
- 홍염
- 코로나 약 100만 ℃ 이상
- 중심 온도 약 1,600만 ℃
- 흑점 약 4,000~4,500℃
- 지름 약 140만 km
- 표면 온도 약 6,000℃ 노란색

흑점이 이동하는 모습을 관찰해서 태양이 자전한다는 사실을 알아냈어요.

📖 태양의 주성분은 수소와 헬륨이다.

지구과학

문제 06

왜 월식은 언제나 '보름달'이 뜰 때 일어날까?

힌트 월식은 달이 무엇에 가려지는 현상일까요?

해답

질문 왜 월식은 언제나 '보름달'이 뜰 때 일어날까?

월식은 태양, 지구, 달이 일직선으로 늘어설 때 일어나기 때문이지요.

해설

월식은 **달이 지구 그림자로 들어가는 현상**이에요. **'태양, 지구, 달'의 순서로 한 줄로 늘어설 때** 나타나지요. 따라서 태양 빛을 받는 달의 한쪽 면이 지구를 곧장 마주 보는 보름에 월식이 일어난답니다. 원래는 보름달이 보여야 하는 날이지만, 월식이 일어나면 달이 지구 그림자에 숨어요.

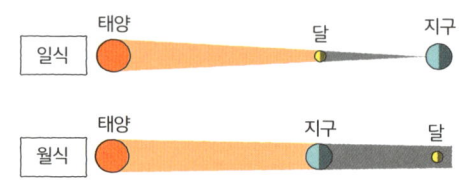

일식 '태양, 달, 지구' 순서로 한 줄로 늘어섰을 때 일어난다(삭).
월식 '태양, 지구, 달' 순서로 한 줄로 늘어섰을 때 일어난다(보름).

달의 모양 변화

① **모양이 변하는 이유**: 달이 지구를 공전하면서 **태양 빛을 받는 각도가 달라지기 때문**이다.
② **달의 모양 변화 주기**: 삭에서 다음 삭까지 변하는 데 걸리는 기간은 **약 29.5일**이다(달이 지구를 공전하는 주기는 27.3일).

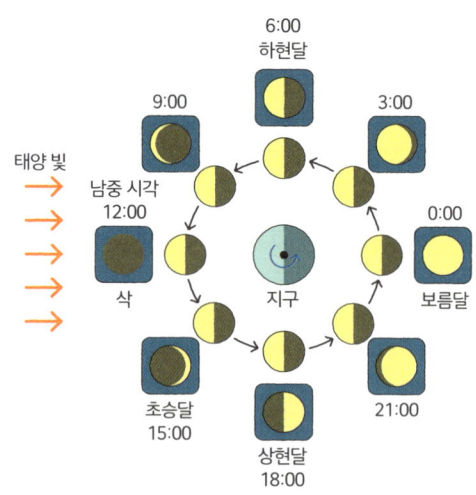

달의 남중 시각은 하루에 50분씩 늦어져요.

📕 달도 태양처럼 북반구에서 관찰하면 '동쪽→남쪽→서쪽'으로 움직이는 것처럼 보인다.

왜 태양은 낮에 보이는데 별자리를 이루는 별은 밤에만 보일까?

힌트 불이 켜진 전등에서 점점 물러나보세요.

해답

질문
왜 태양은 낮에 보이는데 별자리를 이루는 별은 밤에만 보일까?

별자리를 이루는 별은
태양보다 지구에서 훨씬 멀리 있기 때문이지요.

해설

태양도 별자리를 이루는 별도 스스로 빛을 내는 **항성**이에요.
  지구와 태양의 거리는 약 1억 5,000만 km인데 별자리를 이루는 별은 그보다 훨씬 더 멀리 있지요. 그래서 **지구에 적은 빛이 도달하기 때문에 어두운 밤에만 보인답니다.**

별자리를 이루는 별
스스로 빛을 내며 **항성**이라고 부른다(밝기에 따라 1등성, 2등성 등으로 나뉜다).

❶ **1등성**: 오리온자리의 **리겔**(청백색)과 **베텔게우스**(붉은색), 전갈자리의 **안타레스**(붉은색), 거문고자리의 **베가**(흰색), 독수리자리의 **알타이르**(흰색), 백조자리의 **데네브**(흰색) 등
※ 베가, 알타이르, 데네브는 여름철 대삼각형이다.

❷ **별의 색깔**: 표면 온도가 높은 순으로, 청백색 > 흰색 > 노란색 > 주황색 > 붉은색

❸ **하루 동안의 움직임**: **동쪽 → 서쪽**으로 움직인다.

❹ **지구와의 거리 단위**: 단위는 '광년'(1광년은 빛이 1년 동안 움직인 거리)

> 1광년은 약 9조 5,000억 km랍니다!

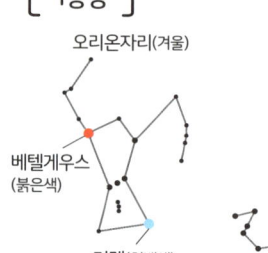

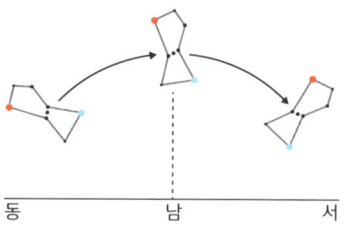

📖 별의 남중 시각은 하루에 약 4분씩 빨라진다.

지구과학 문제 08

왜 탄생 별자리는 생일에 보이지 않을까?

힌트 생일에 탄생 별자리는 어느 방향에 있을까요?

해답

질문
왜 탄생 별자리는 생일에 보이지 않을까?

생일에 황도 12궁은
태양과 같은 방향에 있기 때문이지요.

해설

지구는 **태양의 주위를 1년에 한 바퀴 돌아요**(공전이라고 해요). 그래서 계절이 바뀌면 밤하늘에 보이는 별자리가 달라지지요.

탄생 별자리인 황도 12궁이 생일에 보이지 않는 이유는 **그날의 탄생 별자리가 태양과 같은 방향에 있기 때문**이랍니다.

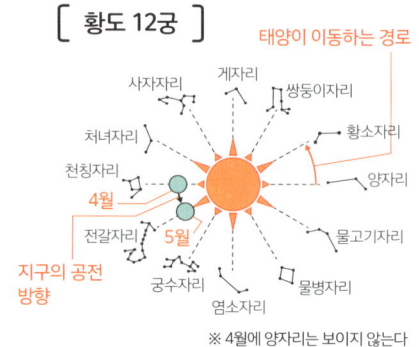

[황도 12궁]

※ 4월에 양자리는 보이지 않는다

태양이 12개의 별자리를 지나는 길을 '황도'라고 해요.

지구의 공전

지구는 **북극에서 내려다봤을 때 반시계 방향**으로 태양의 주위를 1년 동안 약 360° 돈다.
❶ 지구가 공전하므로 계절마다 낮의 길이가 달라진다(자전축이 기울어졌기 때문).
❷ 지구가 공전하므로 계절마다 밤하늘에 보이는 별자리가 달라진다.

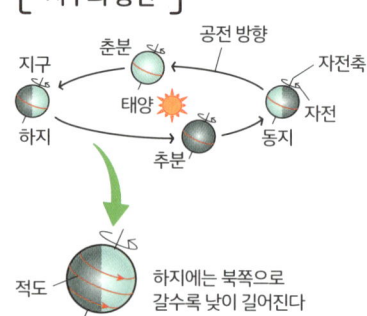

[지구의 공전]

하지에는 북쪽으로 갈수록 낮이 길어진다

황도 12궁
태양이 1년간 지나는 길에 놓인 대표적인 별자리 12개: 양자리, 황소자리, 쌍둥이자리, 게자리, 사자자리, 처녀자리, 천칭자리, 전갈자리, 궁수자리, 염소자리, 물병자리, 물고기자리

📕 생일날 밤에 보이는 별자리는 탄생 별자리의 반대쪽에 있는 별자리이다.

왜 사람은 금성에서 살 수 없을까?

힌트 사람이 살아가는 데 무엇이 필요할까요?

해답

질문 왜 사람은 금성에서 살 수 없을까?

금성의 표면 온도는 400℃가 넘고, 대기도 주로 이산화탄소로 이루어져 있기 때문이지요.

해설

금성은 태양과 두 번째로 가까운 행성이에요. 지구와 달리 표면 온도가 400℃를 넘을 만큼 뜨겁지요. 또, 사람이 호흡하는 데 필요한 산소가 대기에 없고 대부분 이산화탄소로 이루어져 있으며, 물도 거의 없답니다. 그래서 사람은 금성에서 살지 못해요.

태양계의 행성 태양의 주위를 공전하는 별(수·금·지·화·목·토·천·해)
❶ 내행성: 수성, 금성
❷ 외행성: 화성, 목성, 토성, 천왕성, 해왕성

금성의 모습 지구에서 볼 때 금성은 모양이 크게 달라지며 크기도 변화한다.
❶ 개밥바라기: 해가 진 후 서쪽 하늘에 보이는 금성
❷ 샛별: 해가 뜨기 전 동쪽 하늘에 보이는 금성

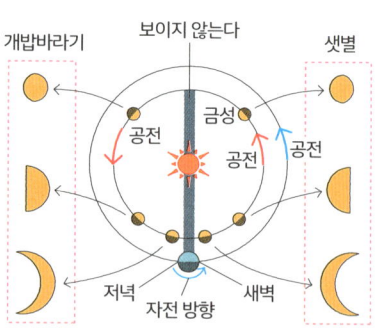

내행성인 수성과 금성은 한밤중에 보이지 않아요.

📙 목성, 토성, 천왕성, 해왕성은 기체로 이루어져 있으며 '목성형 행성'이라고 부른다.

왜 여름에 기온이 똑같아도 습도가 높아지면 덥다고 느낄까?

힌트 사람의 체온을 무엇이 조절할까요?

해답

질문 왜 여름에 기온이 똑같아도 습도가 높아지면 덥다고 느낄까?

습도가 높을수록 땀이 증발하지 않아서
체온이 잘 떨어지지 않기 때문이지요.

해설

공기가 습한 정도를 '습도'라고 해요. 공기 $1m^3$에 최대로 포함되는 수증기량은 기온마다 정해져 있으며 **습도가 높은 공기 속에서는 물이 증발하기 어려워요.**
그래서 습도가 높으면 더운 날 땀을 흘려도 땀이 잘 증발하지 않아서 체온이 떨어지지 않는답니다.

습도 공기의 습한 정도를 나타내며 단위는 '%'를 사용한다.
❶ **습도 측정**: 건습구 습도계를 사용한다.
❷ **습도가 높을 때**: 물이 잘 증발하지 않는다.

하루 동안의 습도 변화
❶ **맑은 날**: 기온이 높아질수록 습도는 낮아진다.
❷ **비 오는 날**: 습도 변화가 적다.

건구 습도계

습도표

건구 온도	건구와 습구의 온도 차						
	0.0	0.5	1.0	1.5	2.0	2.5	3.0
19	100						
18	100	95	90	85	80	75	71
17	100	95	90	85	80	75	70
16	100	95	89	84	79	74	69
15	100	95	89	84	78	73	68
14	100						

기온 16℃, 습도 79%

[하루 동안 기온과 습도의 변화]

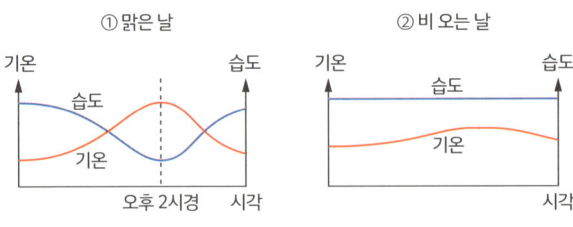

맑은 날은 공기 중의 수증기량이 거의 변하지 않아요.

🔖 공기 $1m^3$에 최대로 포함되는 수증기량을 '포화수증기량'이라고 한다.

지구과학 문제 11

왜 저기압이 다가오면 대체로 비가 내릴까?

힌트 저기압이 발생하면 공기의 흐름이 어떻게 변할까요?

해답

질문 왜 저기압이 다가오면 대체로 비가 내릴까?

상승기류가 발생해서 구름이 잘 생기기 때문이지요.

해설

저기압에서는 아래에 있던 공기가 위로 흐르는데, 이를 상승기류라고 불러요.

지표면 부근의 공기 속 수증기가 상승기류를 타고 높이 올라가서 차가워지면 물방울로 변하고, 그 물방울들이 모여 구름이 되지요. 그래서 저기압일 때 구름이 많이 만들어지고 비가 내린답니다.

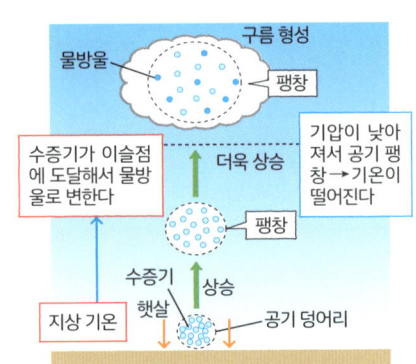

구름 형성 공기 속 수증기가 상승기류를 따라 올라가서 형성된다.

이슬점 공기 속 수증기가 물방울로 변하기 시작하는 온도

[구름이 잘 형성되는 곳]

저기압

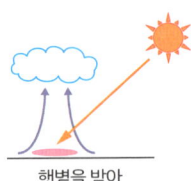
공기가 산을 타고 오르는 곳

햇볕을 받아 따뜻해지는 곳

기압의 단위는 'hPa(헥토파스칼)'로 표현해요.

저기압 상승기류가 일어나며 저기압 중심의 지표면 부근에서는 바람이 반시계 방향으로 불어 들어온다.

고기압 하강기류가 일어나며 고기압 중심의 지표면 부근에서는 바람이 시계 방향으로 불어 나간다.

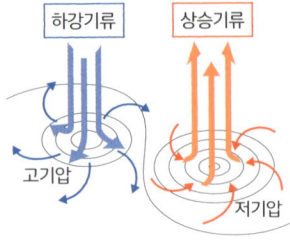

📖 지구 해수면에서의 평균 기압을 1기압이라고 하며, 1기압은 약 1,013hPa이다.

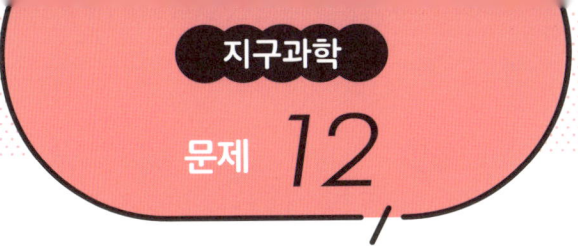

왜 게릴라성 집중호우는 주로 도시에서 발생할까?

힌트 구름이 어디에서 생길까요?

해답

질문
왜 게릴라성 집중호우는 주로 도시에서 발생할까?

아스팔트 도로와 자동차처럼 공기에 열을 가하는 물질이 많기 때문이지요.

해설

도시에는 자연이 적고 아스팔트와 콘크리트 도로가 많아서 지면이 태양열을 매우 잘 흡수해요. 또 자동차도 열을 다량으로 배출하므로 공기가 지면과 자동차에서 열을 많이 받는답니다. 이렇게 **따뜻해진 공기는 하늘 위로 올라가서 수직으로 발달한 '적란운'이 돼요.** 적란운은 좁은 지역에 거센 비를 내리지요.

[열섬 현상과 게릴라성 집중호우]

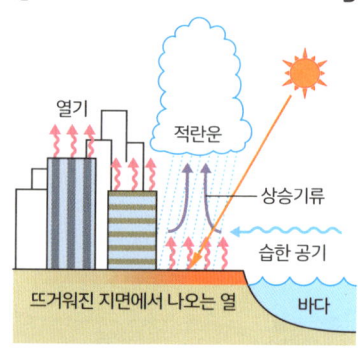

게릴라성 집중호우의 특징
1. 찬 바람이 분다.
2. 천둥번개가 연이어 친다.
3. 하늘이 갑자기 어두워지고 세찬 비가 내린다.

열섬 현상 도시의 기온이 주변보다 높아지는 현상

비를 내리는 구름
1. **적란운(소나기구름, 쌘비구름)**: 수직으로 발달하며 **좁은 지역에 세찬 비**를 내린다.
2. **난층운(비층구름)**: 가로로 얇게 발달하며 **넓은 지역에 이슬비**를 내린다.

① 적란운

좁은 구역에 세찬 비를 내린다

② 난층운

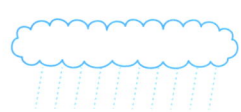

넓은 구역에 이슬비를 내린다

📖 적란운의 윗부분에는 얼음 알갱이가 모여 있기도 한다.

지구과학 문제 13

일기예보에 자주 나오는 '전선'. 왜 전선이 있는 곳에 구름이 생길까?

힌트 따뜻한 공기와 차가운 공기 중 어느 공기가 위에 있을까요?

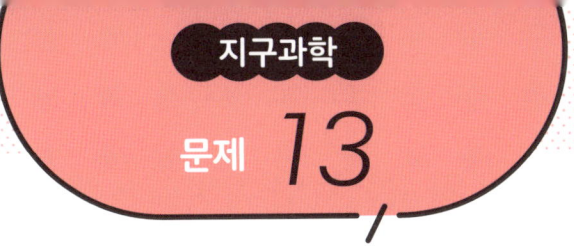

해답

질문
일기예보에 자주 나오는 '전선'. 왜 전선이 있는 곳에 구름이 생길까?

따뜻한 공기가 찬 공기보다 가벼워서 두 공기가 부딪친 곳에 상승기류가 발생하기 때문이에요.

해설

따뜻한 공기(난기)와 차가운 공기(한기)가 부딪치는 경계선에 전선이 생겨요. **따뜻한 공기는 찬 공기보다 가벼워서 전선에서 난기가 한기를 타고 올라가는 상승기류가 발생하지요.** 그래서 구름이 생기고 날씨가 나빠지는 거랍니다.

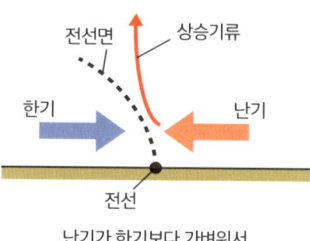

난기가 한기보다 가벼워서 상승기류가 발생한다

전선 난기와 한기가 부딪친 경계면이 지표면과 만나는 부분을 전선이라고 한다.
1. **한랭전선**: 난기보다 한기가 센 전선. **적란운**이 생긴다.
2. **온난전선**: 한기보다 난기가 센 전선. **난층운**이 생긴다.
3. **정체전선**: 난기와 한기의 세기가 같아서 한곳에 머물러 있는 전선

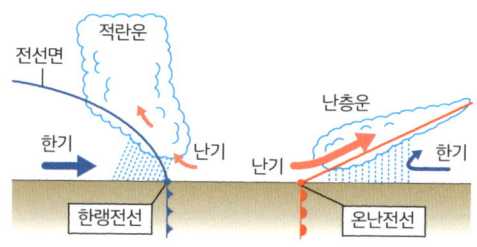

한랭전선이 지나가면 기온이 떨어지고 온난전선이 지나가면 기온이 올라가지요.

온대저기압 <u>한랭전선과 온난전선 위에 발달한 저기압.</u> 서쪽에서 동쪽으로 이동한다.

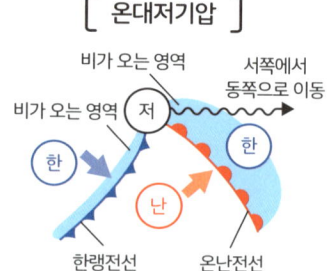

📕 정체전선은 장마를 몰고 오며 우중충한 날씨가 한동안 계속된다.

지구과학 문제 14

왜 화산에서 나온 화산재는 동쪽에 더 많이 쌓일까?

힌트 우리나라는 공기가 어느 쪽으로 이동할까요?

해답

질문
왜 화산에서 나온 화산재는 동쪽에 더 많이 쌓일까?

우리나라와 일본은 1년 내내 서쪽에서 동쪽으로 '편서풍'이 불기 때문이지요.

해설

우리나라 하늘에는 **'편서풍'이라는 약한 서풍이 1년 내내 불어요.** 대기가 보통 서쪽에서 동쪽으로 이동하는 이유는 이 편서풍 때문이랍니다.

일본의 경우, 화산이 분화했을 때 나오는 '화산재'도 하늘 위에 잠시 떠 있다가 **편서풍을 따라 서쪽에서 동쪽으로 움직이지요.**

[편서풍과 화산재의 모습]

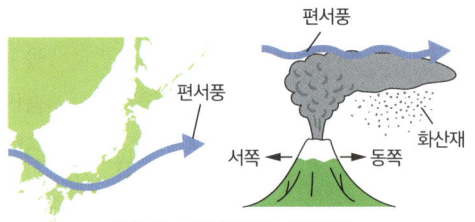

화산재는 주로 동쪽으로 흘러간다.

편서풍 우리나라 하늘에 부는 '서쪽 → 동쪽' 바람. 대기가 서에서 동으로 이동하는 원인이다.

풍향과 풍력
1. **풍향**: 바람이 부는 방향
   예) 남동쪽에서 북서쪽으로 부는 바람은 '남동풍'
2. **풍력**: 0~12까지 13개의 풍력 계급으로 나타낸다.

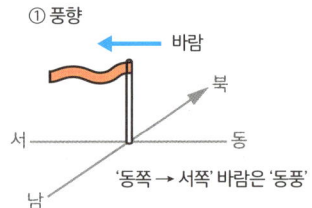
① 풍향
바람
'동쪽 → 서쪽' 바람은 '동풍'

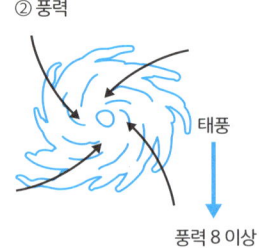
② 풍력
태풍
풍력 8 이상

여름과 겨울에 부는 '계절풍'은 여름(남동풍)과 겨울(북서풍)의 풍향이 반대랍니다.

'저녁노을이 지면 다음 날 날씨가 맑다'는 말은 '서쪽 하늘이 맑으면 이튿날도 맑은 날씨가 이어진다'는 데서 나왔다.

지구과학

문제 15

왜 구름이 하늘의 반을 덮어도 일기예보는 '맑음'이라고 할까?

힌트 '맑음'과 '흐림'을 정하는 기준은 무엇일까요?

해답

질문
왜 구름이 하늘의 반을 덮어도 일기예보는 '맑음'이라고 할까?

구름양이 0~5이면 '맑음', 9~10이면 '흐림'이기 때문이지요.

해설

관측지점에서 보이는 하늘의 넓이를 10이라고 했을 때 구름이 차지하는 비율을 **구름양**이라고 해요. **구름양이 0~5이면 '맑음', 6~8이면 '구름많음', 9~10이면 '흐림'**이라고 합니다. 그래서 구름이 하늘의 반을 뒤덮었더라도 **구름양은 5이므로 맑음**이라고 하지요.

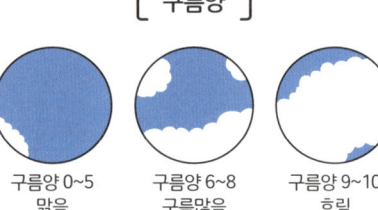

[구름양]

구름양 0~5 맑음 / 구름양 6~8 구름많음 / 구름양 9~10 흐림

구름양 하늘 전체 넓이를 10이라고 했을 때 구름이 차지하는 비율

일기기호 날씨를 나타내는 기호
1. **맑음, 흐림, 비, 눈, 안개 등**: 각각의 날씨를 나타내는 기호가 있다.
2. **풍향**: 화살표가 가리키는 방향으로 표시한다.
3. **풍력**: 화살 깃의 수로 나타낸다.

[일기기호]
맑음, 구름조금, 흐림, 비, 눈, 뇌우, 안개

[날씨 표시법]
북, 풍향, 화살 깃의 수는 풍력
날씨: 흐리고 비
풍향: 북동
풍력: 4

일기도에는 기압이 같은 지점을 곡선으로 연결한 '등압선'도 있답니다.

📒 지름 5mm 미만의 얼음 결정을 '싸라기눈', 지름 5mm 이상의 얼음 결정을 '우박'이라고 한다.

왜 태풍 진행 방향의 오른쪽이 왼쪽보다 위험할까?

힌트 태풍은 소용돌이치면서 나아가요.

해답

> **질문**
> 왜 태풍 진행 방향의 오른쪽이 왼쪽보다 위험할까?

태풍의 중심으로 불어오는 바람의 방향과 태풍이 나아가는 방향이 같아서 바람이 거세지기 때문이지요.

해설

태풍은 바람이 **시계 반대 방향으로 회전**하며 중심으로 불어 들어가요. 태풍 진행 방향의 왼쪽은 바람이 부는 방향과 태풍이 나아가는 방향이 반대여서 바람이 약해지지만 **오른쪽은 바람이 세지요.** 그래서 태풍 진행 방향의 오른쪽이 더 위험하답니다.

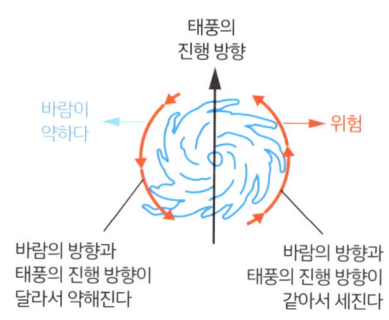

태풍 적도 부근의 해상에서 열대저기압이 발생하여 생기며, 중심부의 최대 풍속이 초속 17.2m 이상(풍력 8 이상)이다.

❶ **태풍의 발생**: 적도 상공에 수증기를 많이 머금은 공기가 발달하며 만들어진다.

❷ **태풍의 눈**: 태풍 중심의 구름이 없는 맑은 부분

태풍에 의한 재해 호우, 홍수, 풍랑, 해일, 산사태 등

폭풍반경 초속 25m 이상의 바람이 부는 지역

강풍반경 초속 15m 이상의 바람이 부는 지역

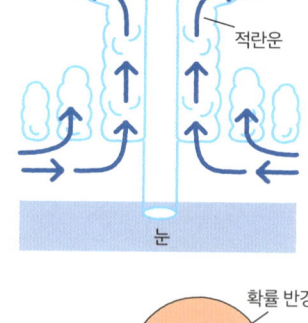

> 태풍 진로의 오른쪽을 '위험반원'이라고 해요!

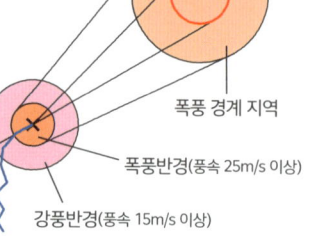

📕 태풍의 중심이 이동할 것으로 예상되는 범위의 반경을 '확률반경'이라고 한다.

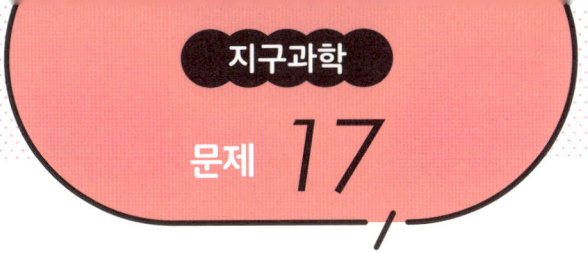

지진에 의한 '지진해일'과 태풍에 의한 '폭풍해일'은 무엇이 다를까?

힌트 지진은 땅 밑에서, 태풍은 하늘에서 발생해요.

해답

질문
지진에 의한 '지진해일'과 태풍에 의한 '폭풍해일'은 무엇이 다를까?

지진해일은 해저에서 수면까지 모두 흔들려요.
폭풍해일은 수면 부근의 바닷물만 움직이지요.

해설

지진에 의한 지진해일(쓰나미)은 바다 밑바닥의 암반이 격하게 움직여서 발생하며 **바닷물이 해저부터 흔들려요.** 그러나 태풍에 의한 폭풍해일은 **바람이 부는 방향으로 수면이 움직이면서 발생하지요.** 바다 밑에서부터 수면까지 바다 전체가 흔들리는 지진해일이 더 큰 피해를 가져올 가능성이 높답니다.

[지진해일과 폭풍해일의 차이]

지진 지구 내부에서 발생한 지진파가 지표까지 전해지는 일
① **진원**: 지구 내부에서 지진이 발생한 장소
② **지진에 의한 재해**: 지진해일, 액상화현상, 산사태 등

진도 관측자가 실제로 느끼는 흔들림의 세기. 1~12의 12단계

규모 진원에서 발생한 에너지의 크기

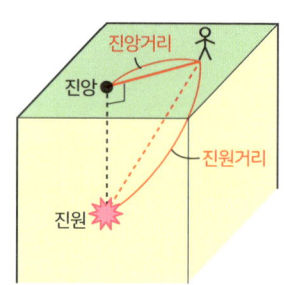

규모가 2 커지면 진원에서 발생한 에너지는 약 1,000배가 돼요.

📖 액상화현상은 지표면이 흔들리며 물을 머금은 흙이 마치 액체처럼 반응하는 현상을 말한다.

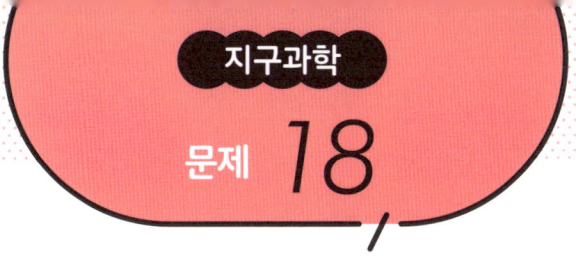

왜 일본은 지진이 자주 일어날까?

힌트 일본열도는 어떤 곳에 있을까요?

1 이웃 나라 일본은 지진이 잦은 나라지요. 지진은 어떻게 대비해야 할까요?

지진 대비 방법

저요!

2 서랍이나 책장이 쓰러지지 않게 고정해놓아야 해요.

3 곧장 대피할 수 있게 물과 손전등과 식료품을 미리 가방에 싸둬요!

4 지진 보험을 비교해서 보장이 좋은 걸로 가입해요!

아… 그것도 중요하지….

그런 말이 아니잖아…

해답

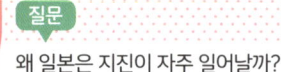

질문 왜 일본은 지진이 자주 일어날까?

일본열도 주변에는 판(플레이트)이 여러 개 있고 판의 경계에 일본이 자리하기 때문이지요.

해설

바다와 육지를 지지하는 암반을 '판'이라고 하며 바다를 지지하는 판을 **해양판**, 육지를 지지하는 판을 **대륙판**이라고 해요.

일본열도 주변에는 판의 경계가 여럿 있어요. 해양판과 대륙판의 경계부에는 진원이 많아서 지진이 자주 일어난답니다.

판 지표면에 있는 두께 100km 정도의 암반이며 바다와 육지를 지지한다.

① **대륙판**: 대륙을 이루는 판(**북아메리카판, 유라시아판**)
② **해양판**: 바다를 이루는 판(**필리핀판, 태평양판**)

판의 이동 해양판이 대륙판의 밑으로 들어간다.

판 경계 지진 대륙판과 해양판의 경계에서 발생하며 **지진해일이 일어날 위험이 있는 지진**

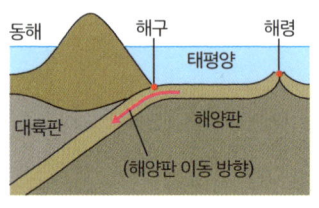
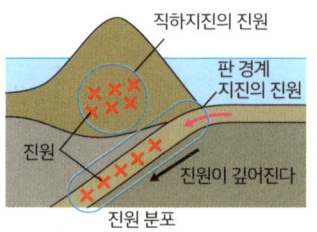

대륙에서 일어나는 지진은 진원의 깊이가 얕아서 지진해일이 잘 일어나지 않아요.

 해양판이 만들어지는 장소를 '해령(해저 산맥)'이라고 한다.

지구과학 문제 19

'마그마'와 '용암'의 차이는 무엇일까?

힌트 마그마와 용암은 어디에 있을까요?

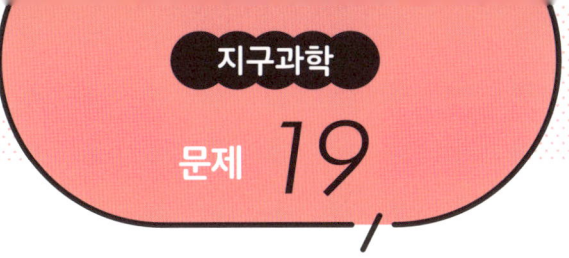

해답

질문
'마그마'와 '용암'의 차이는 무엇일까?

마그마는 지하의 암석이 녹아서 만들어진 뜨거운 액체예요. 용암은 마그마가 지표면으로 흘러나온 것과 식으며 굳은 것을 말한답니다.

해설

지하에는 **암석이 녹아서 만들어진 고온(약 900~1,200℃)의 액체**가 있으며 이것을 마그마라고 해요.

땅 밑에서 강한 힘이 발생해 화산이 분화하면서 화산재, 화산가스 등과 함께 뿜어져 나온 **고온의 액체와 그 액체가 식어서 굳어진 것**을 용암이라고 하지요.

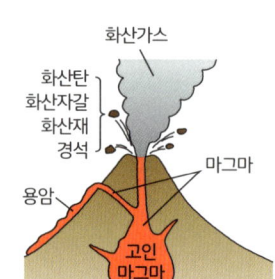

마그마 지하에 있는 암석이 녹아서 만들어진 고온의 액체(약 900~1,200℃)
화산분출물 분화할 때 뿜어져 나오는 물질
❶ **화산가스**: 주성분은 수증기이며 유독 가스도 들어 있다.
❷ **화산재**: 작은 고체 알갱이로, 분출 후 한동안 하늘에 떠 있다.
❸ **용암**: 뜨거운 액체로 공기를 만나 식어서 고체(암석)가 된다.
화성암 마그마가 식어서 만들어진 암석(화산암과 심성암으로 나뉜다.)

화산암	유문암	안산암	현무암
심성암	화강암	섬록암	반려암
암석 색깔	희끄무레하다 ←	중간	→ 거무스름하다

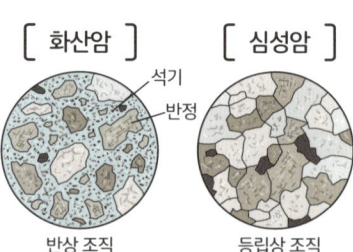

[화산암] 반상 조직 — 빠르게 식어서 입자의 크기가 제각각이다 (석기, 반정)
[심성암] 등립상 조직 — 천천히 식어서 입자의 크기가 크다

마그마가 지표면 부근에서 빠르게 식어서 만들어진 암석이 화산암, 깊은 지하에서 천천히 식어서 만들어진 암석이 심성암이에요!

📖 화산암과 심성암은 암석을 만드는 마그마의 성질과 색깔에 따라 세 종류로 나뉜다.

지구과학 문제 20

아주 옛날에 살던 생물이나 조개껍데기는 어떻게 화석이 됐을까?

힌트 많은 화석이 바다 밑에서 생겨요.

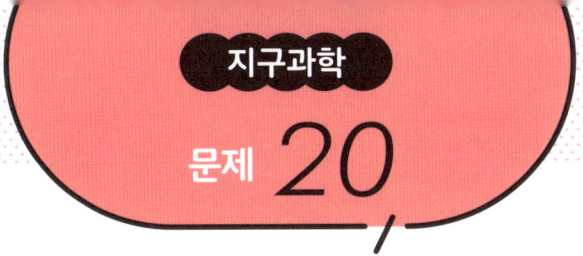

해답

질문 아주 옛날에 살던 생물이나 조개껍데기는 어떻게 화석이 됐을까?

생물의 사체가 바다 밑에 쌓인 토사에 묻혀서 암석이 돼요.

해설

암모나이트처럼 아주 옛날에 살던 생물의 사체나 조개껍데기가 바닷속에 가라앉고 그 위로 바닷물에 밀려온 토사가 쌓여서 오랜 시간이 지나면 암석이 되어서 화석이 생긴답니다.

화석은 생물의 형태가 남아 있는 암석이나 암석이 된 사체를 말하며, 당시의 환경과 시대를 가늠하는 단서가 돼요.

화석 당시의 환경을 알 수 있는 화석(시상화석)과 당시의 지질시대를 알 수 있는 화석(표준화석)이 있다.

① 당시 환경을 알 수 있다

산호 화석
따뜻하고 얕은 바다

가리비 화석
차가운 바다

② 당시 시대를 알 수 있다

암모나이트 화석
중생대

삼엽충 화석
고생대

공룡 화석을 조사해서 화석이 중생대에 만들어졌다는 사실을 알아냈어요!

퇴적암 토사가 단단히 굳어서 생긴 암석

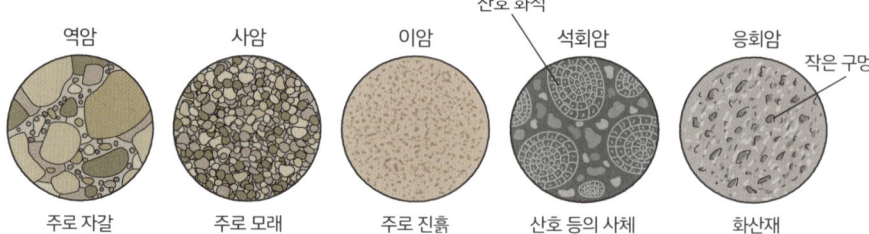

역암	사암	이암	석회암 (산호 화석)	응회암 (작은 구멍)
주로 자갈	주로 모래	주로 진흙	산호 등의 사체	화산재

📖 석회암에 염산을 뿌리면 이산화탄소가 발생한다.

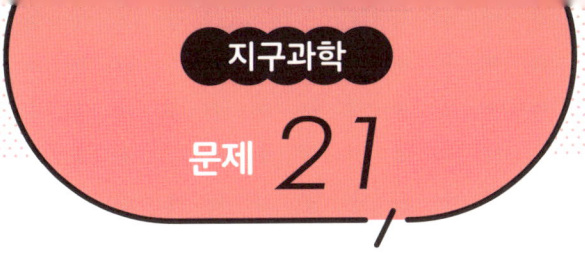

지구과학

문제 21

왜 지구온난화가 진행될까?

힌트 대기 중에 무엇이 많아지고 있을까요?

해답

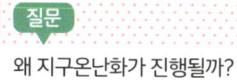

질문 왜 지구온난화가 진행될까?

지구 대기 중에 이산화탄소 같은 온실가스가 증가하기 때문이지요.

해설

햇빛을 받아 뜨거워진 열(적외선)은 지구의 표면에서 우주로 방출돼요. 이산화탄소 같은 **온실가스**는 적외선을 흡수하는 성질이 있어서 **지표면에서 방출된 열이 온실가스에 의해 흡수되어 또다시 지표면을 달군답니다.**

　이런 온실가스가 대기 중에 많아지고 있어서 지구온난화가 진행되는 것이지요.

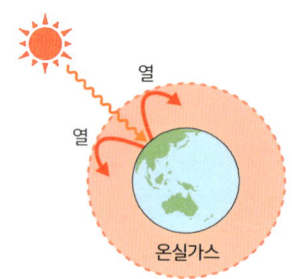

지구온난화의 원인　이산화탄소와 메테인 같은 **온실가스**의 증가
온실가스 증가의 원인　① 화석연료(석유, 석탄, 천연가스)의 대량 사용 ② 삼림의 감소
지구온난화로 발생하는 현상　① 해수면의 상승 ② 집중호우 등의 이상기후

[지구온난화 가스의 증가 원인]
① 화석연료의 대량 사용　② 삼림의 감소

[지구온난화로 발생하는 현상]
해수면의 상승 등

> 화력발전에서 쓰는 화석연료를 태우면 이산화탄소가 발생해요.

📖 지구온난화로 해수가 팽창하고 남극의 빙하가 녹아서 해수면이 상승한다.

왜 나침반의 N극은 북쪽을 가리킬까?

힌트 나침반의 바늘은 자석이에요. 그렇다면……?

해답

질문
왜 나침반의 N극은 북쪽을 가리킬까?

지구는 북극이 S극이고 남극이 N극인 큰 자석이기 때문이지요.

해설

자석에는 S극과 N극이 있으며 N과 N, S와 S는 서로 밀어내고 N과 S는 서로 끌어당겨요.
지구를 커다란 자석으로 보면 북극이 S극, 남극이 N극이 되지요. 그래서 나침반 바늘의 N극은 북극 방향으로 돌아가서 북쪽을 가리키는 것이랍니다.

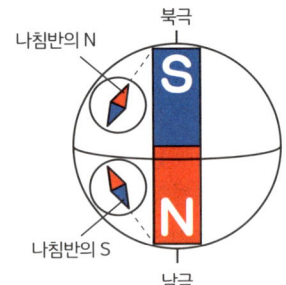

자기력 자석에 의해 작용하는 힘
① **N극끼리, S극끼리는 서로 밀어내고 N극과 S극은 서로 끌어당긴다.**
② **자기장**(자계, 자장): 자기력이 작용하는 공간

지구의 북쪽 북극 방향
자석으로 본 지구 북극이 S극, 남극이 N극

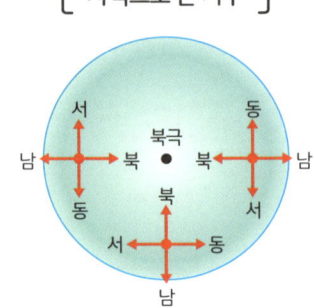

지구자기장은 우주로 달아나려는 대기를 붙잡기도 하고 태양의 자외선이 지표면에 도달하는 양을 줄이기도 해요!

📖 지구가 가지는 자기를 '지자기'라고 한다.

물리

문제 02

왜 막대자석으로 바늘을 같은 방향으로 문지르면 바늘은 자석이 될까?

힌트 바늘은 철로 만들어요!

해답

질문 왜 막대자석으로 바늘을 같은 방향으로 문지르면 바늘은 자석이 될까?

바늘 속에 있는 수많은 작은 자석들의 극이 모두 한 방향으로 향하기 때문이지요.

해설

바늘은 철로 만들며, **철은 자석으로 만들 수 있는 금속 가운데 하나**랍니다.

철 속에 작은 자석이 잔뜩 모여 있다고 생각해보세요. 막대자석의 한쪽 극으로 바늘을 같은 방향으로 몇 번 문지르면, 서로 다른 곳을 바라보고 있던 작은 자석들이 한 방향으로 돌아가서 자석이 되지요.

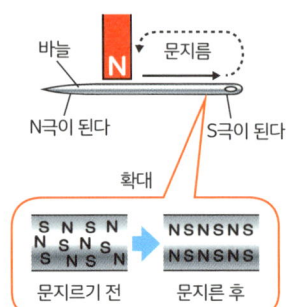

막대자석의 자기력 세기 두 가장자리의 자기력이 가장 세다.
막대자석을 반으로 잘랐을 때 자르기 전보다 두 가장자리의 자기력이 약해진다.

막대자석 주위에 나침반을 놓았을 때
1. **자기력선(자력선)**: N극에서 S극으로 향하는 선(화살표 방향)
2. **나침반이 돌아가는 방향**: 자기력선의 화살표 방향으로 나침반의 N극이 돌아간다.

자기력선은 눈에 보이지 않아요. 막대자석 아래에 철가루를 뿌리면 자기력선의 모양을 알 수 있답니다!

📗 철, 니켈, 코발트 같은 금속은 자석으로 만들 수 있다.

문제 03 물리

머리끝부터 발끝까지 보려면 거울은 얼마나 길어야 할까?

힌트 거울에 비친 모습은 어디에 있을까요?

1
거울아 거울아, 세상에서 어떤 기린이 제일 예쁘니?

얼굴만 보여서 모르겠어요.

2
내가 다 비치려면 얼마나 커야 하지……?

해답

질문
머리끝부터 발끝까지 보려면 거울은 얼마나 길어야 할까?

키의 절반 높이의 거울이 필요해요.

해설

거울에 비치는 자신의 모습(상)은 **거울 면에 대칭이 되는 위치에 자신과 같은 크기**로 생겨요. 머리부터 발끝까지의 모습 전체를 보려면 오른쪽 그림처럼 **적어도 자기 키의 절반 높이**가 되는 거울이 필요하지요.

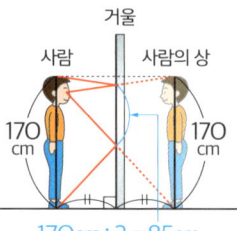

반사의 법칙   반드시 '**입사각＝반사각**'이다.
거울에 비친 물체의 상   거울 면을 기준으로 **대칭이 되는 위치**에 **물체와 같은 크기로 상**이 맺힌다.
물체를 거울에 가까이 가져갔을 때   거울에 비친 상도 같은 속도로 거울에 다가온다.
거울 2장을 맞대었을 때(접이식 거울)
❶ **직각으로 맞대었을 때**: 상이 최대 3개 생긴다.
❷ **거울을 맞댄 각도가 작을수록 상의 개수가 늘어난다.**

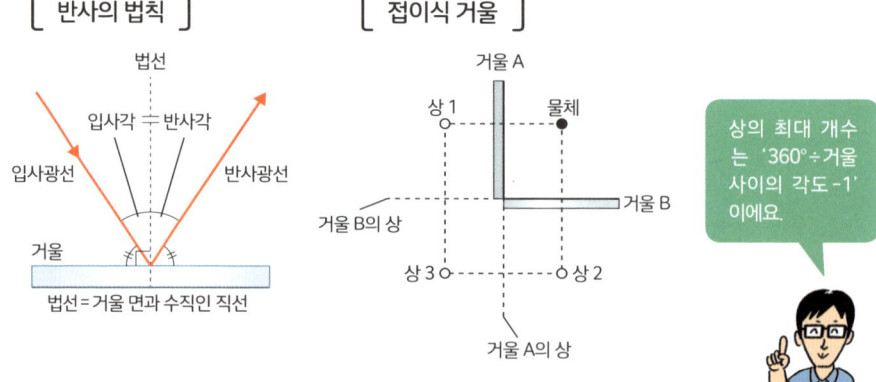

상의 최대 개수는 '360°÷거울 사이의 각도－1'이에요.

💬 빛이 거울에 직각으로 비쳤을 때 반사각은 0°가 된다(입사각도 0°).

왜 여름보다 겨울에 지하철에서 '덜컹덜컹' 소리가 크게 날까?

힌트 '덜컹덜컹' 소리는 선로의 이음새에서 나는 소리예요.

1 왜 여름보다 겨울에 지하철에서 덜컹덜컹 소리가 크게 날까요?

2 듣고 보니 겨울에 더 시끄러웠던 것 같아…….
흐음

3 완전 쉽죠!
우와
드르륵

4 여름에는 시끄러운 매미 소리 때문에 지하철 소리가 안 들렸던 거예요!
우쭐
과학적으로 말이야~

해답

질문
왜 여름보다 겨울에 지하철에서 '덜컹덜컹' 소리가 크게 날까?

겨울에는 선로가 차가워져서
이음새의 틈이 벌어지기 때문이지요.

해설

지하철 선로처럼 금속으로 된 막대는 온도가 1°C 올라갈 때마다 일정한 비율로 늘어나요. **겨울은 기온이 낮아져서 선로가 짧아지므로 이음새의 틈이 벌어져서 지하철이 틈을 지날 때면 큰 소리가 울리지요.** 반대로 여름에는 기온이 높아져서 선로가 길어지는데, 선로에 틈이 없다면 이음새가 비쭉 솟아올라요. 그래서 이음새에 틈을 살짝 만들어놔야 한답니다.

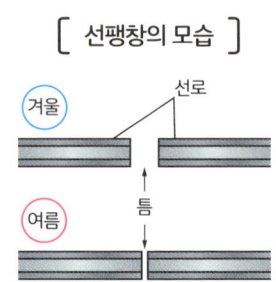
[선팽창의 모습]

팽창 물체의 부피가 커지는 현상. 가열하면 팽창하는 경우가 많다.
❶ **선팽창**: 길이가 길어지는 팽창
❷ **부피팽창**: 물체가 모양 그대로 커지는 팽창

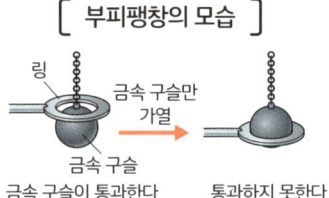
[부피팽창의 모습]

금속의 팽창 종류에 따라 많이 팽창하는 금속과 잘 팽창하지 않는 금속이 있다.

(많이 팽창한다) 알루미늄 > 은 > 동 > 금 > 철 (잘 팽창하지 않는다)

바이메탈 열을 받았을 때 팽창하는 정도가 서로 다른 금속을 맞붙인 것

[바이메탈]

팽창과 반대로 부피가 줄어드는 현상을 '수축'이라고 해요!

📗 바이메탈은 온도조절기 등에 이용한다.

왜 된장찌개를 끓이면 찌개가 빙글빙글 돌까?

힌트 물을 끓이면 무엇이 변화할까요?

해답

질문
왜 된장찌개를 끓이면 찌개가 빙글빙글 돌까?

뜨거워진 물이 대류를 일으켜서 된장이 움직이기 때문이지요.

해설

뜨거워진 물은 **부피가 커지고 주변보다 가벼워져서 위로 올라가요**. 그러면 차가운 물이 아래쪽으로 흘러들었다가 **마찬가지로 뜨거워져서 상승하지요**. 이 현상이 반복되면 물이 대류를 일으켜서 빙글빙글 돈답니다.

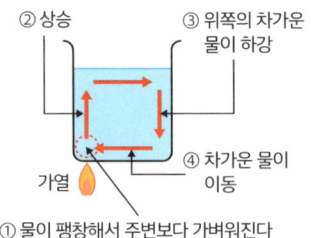

열 전달법
① **전도**: 가열한 부분에서 열이 지글지글 전달된다.
② **대류**: 가열한 기체나 액체가 빙글빙글 돈다.
③ **복사**: 빛을 흡수해서 열로 변하여 따뜻해진다.

온도에 따른 물의 부피 변화 **4℃**일 때 부피가 가장 작다.
온도에 따른 공기의 부피 변화 온도가 1℃ 높아지면 **일정한 비율로 커진다**.

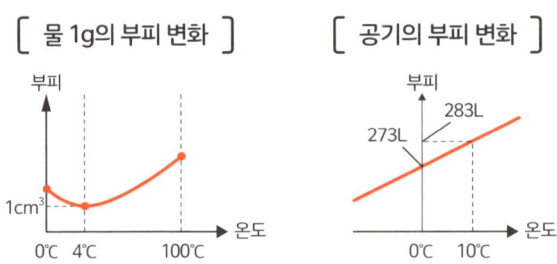

공기는 온도가 1℃ 높아지면 0℃일 때보다 부피가 약 273분의 1만큼 커져요.

📖 눈 쌓인 곳에 검은 재를 뿌리면 태양열에 의한 복사로 눈이 빨리 녹는다.

문제 06 물리

왜 알코올 소독제를 손에 바르면 시원할까?

힌트 몸의 열이 어떻게 되어야 시원할까요?

1. 선생님~ 넘어져서 무릎이 까졌어요. / 아야야
2. 소독해줄게. 따가울 거야. / 으으윽!
3. 어라, 그런데 소독약을 바른 부분만 시원하잖아! / 화~ 화~
4. 더우니까 다른 곳에도 발라주세요! / 그건 안 돼. / 화~ 화~

물리 113

해답

질문
왜 알코올 소독제를 손에 바르면 시원할까?

알코올이 증발하면서
몸의 열을 일부 빼앗아 가기 때문이지요.

해설

액체가 증발하려면 주변에서 열을 빼앗아야 하는데, 특히 소독용 알코올에 들어 있는 에탄올은 **증발할 때 많은 열을 가져가요.** 손에 소독제를 바르면 시원한 이유는 알코올이 몸에서 열을 빼앗기 때문이랍니다.

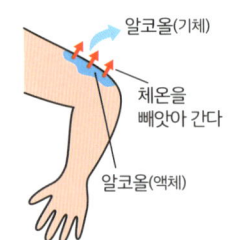

물질의 상태변화 고체·액체·기체로 변하는 일

❶ **증발**: 액체가 기체로 되는 변화
   예) 빨래가 마른다.
❷ **응결(액화)**: 기체가 액체로 되는 변화
   예) 추운 날 숨을 내쉬면 하얗게 김이 서린다.
❸ **응고**: 액체가 고체로 되는 변화
   예) 물을 냉동실에 넣으면 얼음이 된다.
❹ **융해**: 고체가 액체로 되는 변화
   예) 초콜릿이 녹는다.

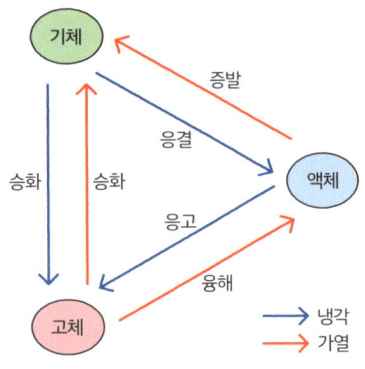

물의 상태변화 얼음 ⇄ 물 ⇄ 수증기로 변화. **부피는 달라지지만 무게는 똑같다.**

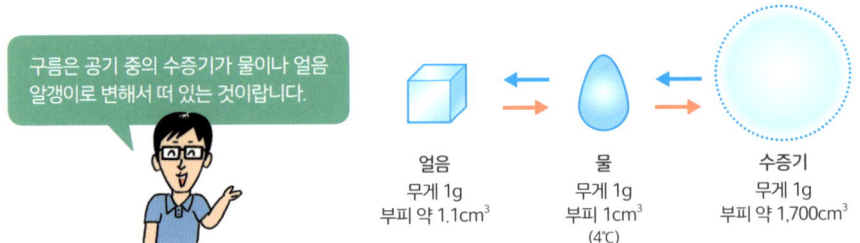

구름은 공기 중의 수증기가 물이나 얼음 알갱이로 변해서 떠 있는 것이랍니다.

얼음
무게 1g
부피 약 1.1cm³

물
무게 1g
부피 1cm³
(4℃)

수증기
무게 1g
부피 약 1,700cm³

개가 입을 벌리고 호흡하는 이유는 입안의 수분을 증발시켜 체온을 낮추기 위해서이다.

물리

문제 07

왜 보온병에 담은 물은 온도가 변하지 않을까?

힌트 보온병 속 액체의 열은 어떻게 될까요?

해답

질문
왜 보온병에 담은 물은 온도가 변하지 않을까?

열이 안에서 바깥으로 빠져나가기도, 밖에서 안으로 들어오기도 어려운 구조이기 때문이지요.

해설

보온병 같은 보온·보랭 제품은 **이중벽 구조이고 두 벽 사이가 진공 상태**로 되어 있답니다. 이 구조가 **열의 전도와 대류를 막고, 열이 안에서 나가지도 못하고 밖에서 들어오지도 못하게 해요.** 또 안쪽 벽은 거울처럼 빛을 반사해서 복사로 열이 빠져나가지 못하도록 막는답니다.

전도가 잘 일어나는 물질(열이 잘 전달되는 물질)   금속(은＞동＞금＞알루미늄＞철)
대류가 잘 일어나는 물질   공기 같은 기체, 물 같은 액체
복사로 쉽게 뜨거워지는 물질   검은 물질(빛을 잘 흡수한다.)

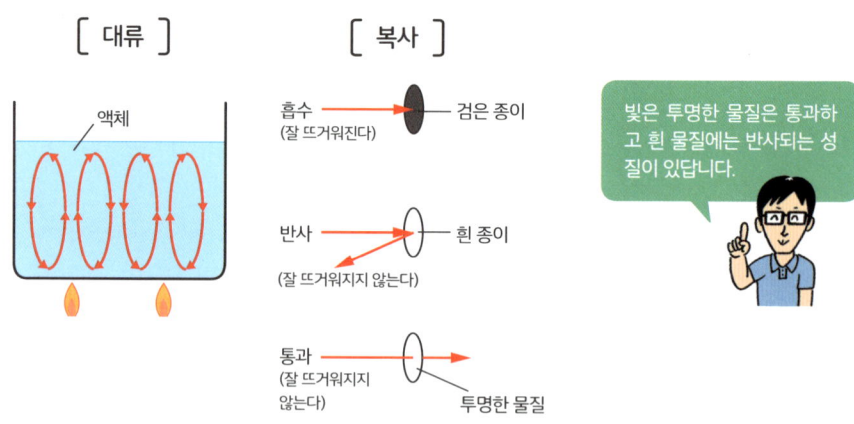

전도가 잘 일어나는 금속의 순서는 전기가 잘 통하는 금속의 순서와 같다.

물리

문제 08

왜 전구에 전류가 흐르면 빛날까?

힌트 전구에서 빛이 나는 부분은 어떻게 생겼지요?

해답

질문
왜 전구에 전류가 흐르면 빛날까?

전구 속의 필라멘트는 전기가 잘 통하지 않아서 전류가 흐르면 전기를 열과 빛으로 바꾸기 때문이지요.

해설

전구에서 빛이 나는 부분을 **필라멘트**라고 해요. **필라멘트는 전선과 달리 전기가 잘 통하지 않아서 전류가 흐르면 전기를 열과 빛으로 바꾼답니다.** 필라멘트를 지나는 전류가 크면 클수록 빛이 밝지요.

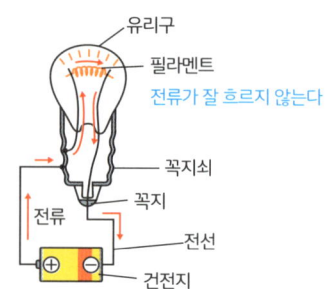

- **전구의 구조** 꼭지, 꼭지쇠, 필라멘트, 유리구가 있다.
- **전류가 흐르는 방향** 전류가 건전지의 +극에서 흘러나와서 −극으로 들어간다.
- **건전지 크기** D > C > AA > AAA
- **전류의 단위** A(암페어). 1A = 1,000mA
- **전류계** 전류의 세기를 측정하는 도구이며 회로에 직류로 연결한다.

전구의 유리구 속에는 타지 않는 기체가 들어 있어요!

[건전지]

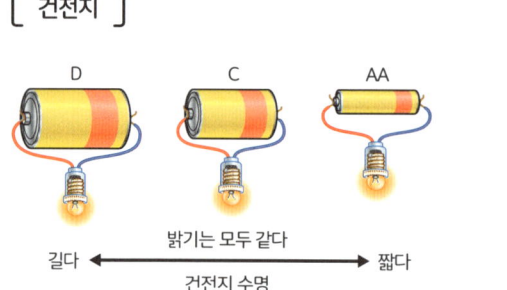

[전류계]

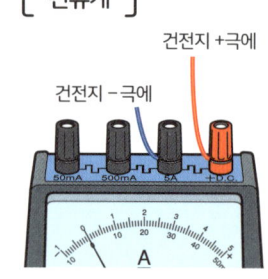

전류계는 5A −단자부터 연결해서 측정한다(바늘이 눈금 밖으로 벗어나면 전류계가 고장 날 수도 있다).

왜 눈이 많이 내리는 곳에는 LED 신호등을 사용하기 힘들까?

힌트 LED와 전구에 불이 켜졌을 때 차이점은 무엇일까요?

해답

질문
왜 눈이 많이 내리는 곳에는 LED 신호등을 사용하기 힘들까?

LED는 불이 켜져도 열이 거의 나지 않아서
눈이 쌓이면 빛이 보이지 않게 되기 때문이지요.

해설

발광다이오드(LED)는 보통 전구보다 적은 전력으로 빛을 내요. **전구는 대개 불이 켜지면 필라멘트에서 열이 나지만 LED는 열이 거의 나지 않는답니다.** 그래서 눈이 많이 내리는 곳에 LED 신호등을 설치하면 눈이 쌓였을 때 눈이 잘 녹지 않아서 신호가 보이지 않게 되지요.

[LED]
빛만 난다

[전구]
빛과 열이 난다

발광다이오드(LED)

❶ **연결법**: +단자를 건전지의 +극에, -단자를 건전지의 -극에 연결한다.
❷ **밝기**: 전구에 비해 적은 전력으로 밝은 빛을 낸다.
❸ **수명**: 전구보다 오래간다.

[LED 연결법]

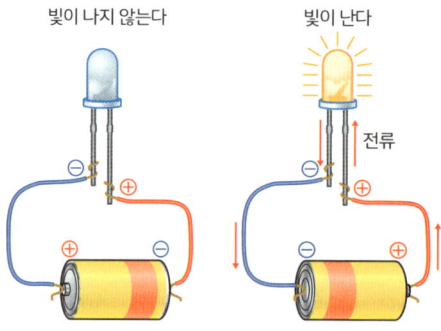

빛이 나지 않는다 / 빛이 난다 / 전류

> LED는 적은 전력을 사용하므로 에너지를 절약할 수 있지만, 눈이 많이 내리는 곳에 LED 신호등을 설치할 때는 주의해야 해요.

📖 일본인 나카무라 슈지는 청색 LED를 개발해서 2014년 노벨 물리학상을 받았다.

왜 화력발전은 지구 환경에 좋지 않을까?

힌트 화력발전은 ○○연료를 사용해요.

해답

질문 왜 화력발전은 지구 환경에 좋지 않을까?

화석연료를 연소하므로
이산화탄소가 많이 발생하기 때문이지요.

해설

전기 생산법 중 하나인 화력발전은 **석유와 석탄, 천연가스 등 화석연료를 대량으로 연소해서 터빈을 돌려요.** 그때 온실가스인 이산화탄소가 잔뜩 발생하므로 지구온난화로 이어져서 지구 환경에 나쁩답니다.

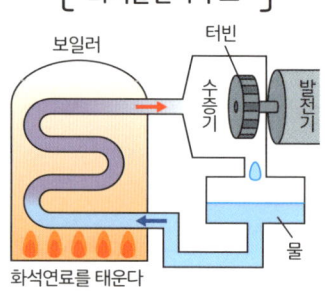

[화력발전의 구조]

화석연료를 태운다 → 이산화탄소가 대량으로 발생!

화력발전

① **발전 방법**: 화석, 천연가스, 석유 같은 **화석연료를 태울 때 발생한 열에너지를 전기에너지로 바꾼다.**

② **화력발전의 장점**: 안정적으로 전기를 생산한다. 발전 효율이 뛰어나다.

③ **화력발전의 단점**: 이산화탄소 배출량이 많다. 매장된 화석연료가 제한적이다.

그 외의 발전 방법 풍력발전, 수력발전, 원자력발전, 지열발전, 태양광발전 등

[풍력발전] [수력발전] [원자력발전]

원자력발전은 방사선 사고가 일어날 위험이 있으며, 수력발전과 풍력발전은 날씨의 영향을 받는다는 단점이 있어요.

📖 수력발전은 댐을 건설하는 비용이 많이 든다는 단점도 있다.

왜 불이 켜진 전구 2개 중 하나를 빼도 남은 전구는 밝게 빛날까?

힌트 두 전구가 어떻게 연결되어 있을까요?

1 쌍둥이 전구
- 나는 소년 전구
- 나는 소녀 전구

2 어느 때는 소녀 전구가 빠지면 소년 전구도 꺼지는데…
어라?

3 어느 때는 소녀 전구가 빠져도 소년 전구는 밝게 빛나.

4 왜 그럴까?

해답

질문
왜 불이 켜진 전구 2개 중 하나를 빼도 남은 전구는 밝게 빛날까?

두 전구가
병렬로 연결되어 있기 때문이지요.

해설

전구 2개를 건전지 1개에 전선으로 연결할 때, **직렬로 연결하는 방법과 병렬로 연결하는 방법**이 있어요. 직렬연결은 **전류가 흐르는 길이 1개**여서 전구 하나를 빼면 다른 전구도 꺼지지요. 그러나 **병렬연결은 전류가 흐르는 길이 2개**여서 전구 하나를 빼도 다른 전구는 전처럼 밝게 빛난답니다.

전구로 흐르는 전류가 2배, 3배…가 되면 전구의 밝기는 4배, 9배…가 돼요!

전류 연결 방법

① **직렬연결**: 전류가 흐르는 길이 1개인 연결법. **전구를 직렬로 많이 연결할수록 빛은 어두워지고, 건전지를 직렬로 많이 연결할수록 빛은 밝아진다.**

② **병렬연결**: 전류가 흐르는 길이 여러 개인 연결법. **전구를 병렬로 많이 연결해도 밝기는 변하지 않고, 건전지를 병렬로 많이 연결할수록 전구의 수명은 길어진다.**

③ **단락회로**: 아주 큰 전류가 흐르는 회로(전선만 연결했을 때 큰 전류가 흐른다. 위험하니까 따라 하지 마세요!)

[직렬연결]　　[병렬연결]　　[단락회로]

① 꼬마전구의 직렬연결

하나를 빼면 다른 쪽도 꺼진다

① 꼬마전구의 병렬연결

하나를 빼도 다른 쪽은 꺼지지 않는다

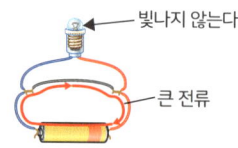
빛나지 않는다
큰 전류

② 건전지의 직렬연결

② 건전지의 병렬연결

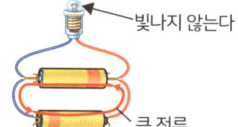
빛나지 않는다
큰 전류

📗 전구를 직렬로 연결하면 건전지가 오래가고 병렬로 연결하면 빨리 닳는다.

물리

문제 12

자기부상열차의 속도는 무려 시속 500km! 어떻게 하면 그렇게나 빠를까?

힌트 자기부상열차는 어떤 힘을 이용할까요?

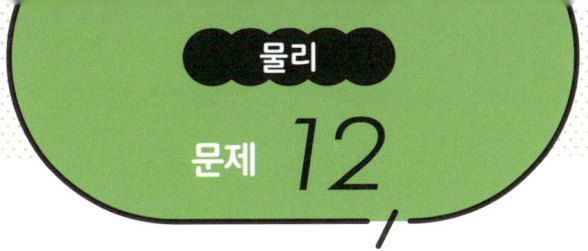

해답

질문 자기부상열차의 속도는 무려 시속 500km! 어떻게 하면 그렇게나 빠를까?

강한 자기력을 이용해서 공중에 뜬 상태로 움직이기 때문이지요.

해설

자기부상열차에는 **초전도전자석**이라는 **전자석**을 사용해요. 차체에 설치된 자석과 가이드웨이(자기부상열차가 달리는 레일)에 설치된 자석에서 발생하는 자기력에 의해 열차가 공중에 뜬 상태로 나아가지요. 그래서 <u>지면과 마찰이 거의 생기지 않아 빨리 달릴 수 있답니다.</u>

[자기부상열차]

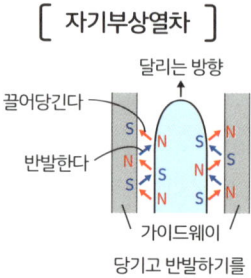

전자석 코일에 전류를 흐르게 하여 자기력을 만들어내는 자석

❶ **전자석의 자기력**: 코일을 많이 감을수록, 전류의 크기가 셀수록 자기력이 세진다.
❷ <u>**오른손 법칙**: 엄지가 가리키는 방향이 N극, 나머지 네 손가락의 방향이 코일에 흐르는 전류의 방향</u>
❸ **전자석의 특징**: 자기력의 세기를 바꿀 수 있다.
　　　　　　　　전류가 흐를 때만 자석이 된다.
　　　　　　　　자석의 두 극의 위치를 바꿀 수 있다.

[코일과 전자석]

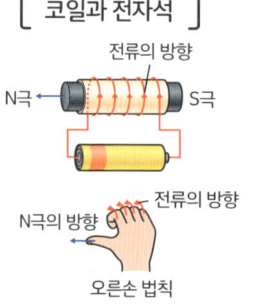

에나멜선을 감는 방향이나 전류의 방향을 바꾸면 두 극의 위치가 바뀌어요!

[전자석 자기력의 세기]

자기부상열차는 N극과 S극을 계속 바꾸면서 앞으로 나아간다.

왜 손톱깎이를 사용하면 손톱을 깎기 쉬울까?

힌트 어떤 '지렛대'를 이용할까요?

질문
왜 손톱깎이를 사용하면 손톱을 깎기 쉬울까?

중간에 힘점이 있는 지렛대와 중간에 작용점이 있는 지렛대, 이 두 지렛대가 합쳐져 있기 때문이지요.

해설

지렛대에는 **받침점·힘점·작용점** 3점이 있으며 세 종류의 지렛대가 있답니다. 손톱깎이에서 손톱을 자르는 부분은 **중간에 힘점이 있는 지렛대여서 섬세한 작업을 할 수 있어요.** 엄지로 누르는 부분은 **중간에 작용점이 있는 지렛대여서 적은 힘으로도 작용점에 큰 힘이 발생하지요.**

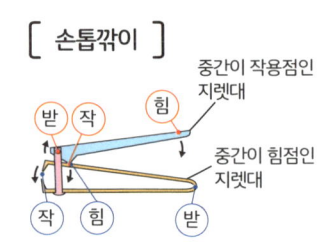

[손톱깎이]
중간이 작용점인 지렛대
중간이 힘점인 지렛대

지렛대의 3점
❶ **받침점**: 지렛대를 받치는 부분
❷ **힘점**: 힘을 가하는 부분
❸ **작용점**: 힘이 발생하는 부분

세 종류의 지렛대
❶ **중간이 받침점인 지렛대**: 예) 가위, 장도리 등
❷ **중간이 작용점인 지렛대**: 예) 작두 재단기, 병따개 등
❸ **중간이 힘점인 지렛대**: 예) 족집게, 쪽가위 등

받침점에서 힘점까지의 거리가 멀고, 받침점에서 작용점까지의 거리가 가까울수록 작용점에서 큰 힘이 발생해요.

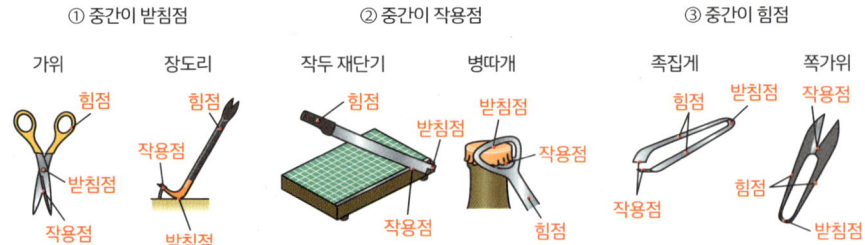

① 중간이 받침점 — 가위, 장도리
② 중간이 작용점 — 작두 재단기, 병따개
③ 중간이 힘점 — 족집게, 쪽가위

📖 가위질할 때 받침점과 가까운 곳에서 물체를 자르면 힘이 적게 든다.

왜 달걀은 맹물에는 가라앉는데 소금물에는 뜰까?

힌트 물에 소금을 녹이면 어떤 변화가 일어날까요?

해답

질문 왜 달걀은 맹물에는 가라앉는데 소금물에는 뜰까?

물에 소금을 녹이면 액체의 밀도가 커져서 달걀에 큰 부력이 발생하기 때문이지요.

해설

액체 속에 있는 물체가 위로 뜨려는 힘을 **부력**이라고 해요. **부력은 물체가 액체 속에 잠겨 있는 부피가 클수록 커지고 액체의 밀도가 클수록 커진답니다.**

물에 소금을 녹이면 액체의 밀도가 커져서 잠겨 있는 달걀에 가해지는 부력이 세져요. 그래서 달걀이 물에 뜨는 거랍니다.

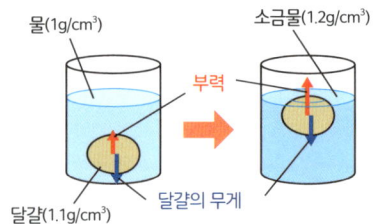

※ 뜬 상태로 정지했을 때

밀도 물질 $1cm^3$의 무게. 단위는 g/cm^3이다.
1. 물의 밀도: $1g/cm^3$ (4℃일 때)
2. 소금물의 밀도: $1g/cm^3$보다 크다.

부력 액체가 물체를 밀어 올리는 힘
  부력의 크기(g) = 액체 속 물체의 부피(cm^3) × 액체의 밀도(g/cm^3)
  예) 물속에 $200cm^3$ 잠겨 있는 물체에 작용하는 부력의 크기
    $200cm^3 × 1g/cm^3 = 200g$

물질의 밀도는 물질마다 달라요.

📗 물보다 밀도가 큰 물체는 물에 가라앉는다.

왜 무거운 물건은 끌어당기기 어려울까?

힌트 물체가 움직일 때 어떤 힘이 발생할까요?

해답

질문
왜 무거운 물건은 끌어당기기 어려울까?

지면과 물체 사이에
큰 마찰력이 생기기 때문이지요.

해설

바닥에 놓인 물체를 잡아당기면 바닥과 물체 사이에 **마찰력**이라는 힘이 생겨요. 마찰력은 물체가 움직이려는 방향과 반대 방향으로 작용하며 **물체가 무거울수록 더 커지지요.** 물체가 무거울수록 잡아당기는 방향과 반대 방향으로 큰 마찰력이 생겨서 끌어당기기가 어려운 것이랍니다.

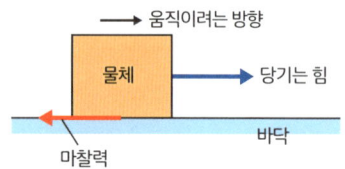

마찰력 물체와 바닥 사이에 발생하는 힘
① 물체가 운동하려는 방향과 반대 방향으로 발생한다.
② 물체가 무거울수록 커진다(바닥에 물체가 놓여 있을 때).
③ 표면의 성질에 따라 달라진다.

마찰력이 큰 표면 울퉁불퉁한 바닥, 사포, 성냥갑의 빨간 부분 등
마찰력이 작은 표면 볼링장의 레인, 스케이트장 등

[마찰력이 큰 표면]   [마찰력이 작은 표면]

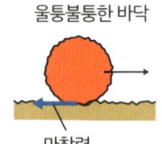

코끼리만큼 무거워도 마찰력이 없으면 손가락 하나로도 밀 수 있어요!

💬 우리가 걷거나 자전거를 탈 수 있는 이유는 지면과의 사이에 마찰력이 발생하기 때문이다.

왜 낮보다 밤에 소리가 더 멀리 울려 퍼질까?

힌트 소리가 전달되는 거리는 기온과 관련 있어요!

1
어쩌지, 길을 잃었어……. 게다가 다리까지 삐다니!

거기 누구 없어요?

2
해가 져서 너무 어둡고 추워……. 한 번 더 도움을 구해보자.

저기요!! 도와주세요!!

3
괜찮으세요~?

사람이다! 여기예요-!

해답

질문
왜 낮보다 밤에 소리가 더 멀리 울려 퍼질까?

밤에는 지표면에 가까울수록 온도가 낮아서 위로 뻗어나갔던 소리가 아래로 굽기 때문이지요.

해설

소리는 대기의 온도가 높을수록 빨리 퍼지고, 위로 퍼지다가 차가운 공기 쪽으로 방향을 돌려요. 이것을 **소리의 굴절**이라고 하지요. 밤에는 지표면에 가까울수록 온도가 낮아서 소리가 위로 올라가다가 아래쪽으로 방향을 바꾸기 때문에 더 멀리까지 전달된답니다.

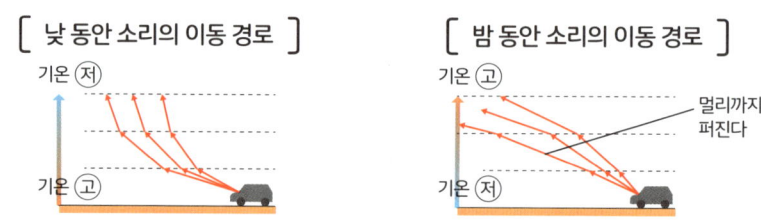

소리의 속도   고체 속 > 액체 속 > 기체 속
공기 속에서 소리의 속도   기온이 높을수록 빨라진다. 약 331m/s + 0.6 × 기온
소리의 굴절   주변 공기의 온도가 달라지면 소리의 속도도 달라지며 굴절한다.

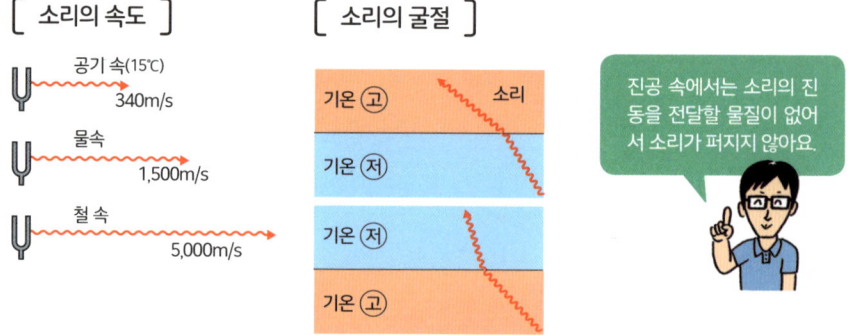

진공 속에서는 소리의 진동을 전달할 물질이 없어서 소리가 퍼지지 않아요.

📖 낮에는 태양열 때문에 지표면에 가까울수록 공기가 뜨겁다.

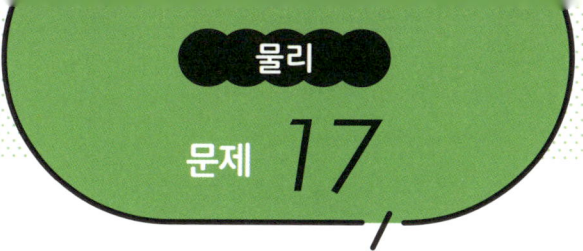

우주복을 입은 두 사람이 우주에서 대화하려면 어떻게 해야 할까?

힌트 소리가 전달되려면 무엇이 필요할까요?

해답

질문
우주복을 입은 두 사람이 우주에서 대화하려면 어떻게 해야 할까?

헬멧을 맞댄 상태로 대화해야 해요.

해설

소리는 주변 물질을 진동시키면서 전달돼요. 고체인 헬멧을 맞댄 상태로 말을 하면 입에서 나온 소리의 진동이 헬멧 안의 공기로 전달되어 헬멧을 진동시키고, 그것이 상대방의 헬멧 안 공기를 또다시 진동시켜서 목소리가 들리게 된답니다.

[우주에서 대화하는 모습]
진동이 전달된다

소리의 전달   주변 물질을 진동시키며 전달된다.
소리의 높이   1초간 진동하는 횟수(진동수)가 많을수록 높은 소리가 난다.

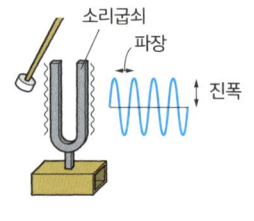
소리굽쇠, 파장, 진폭

모노코드 실험
① **높은 소리가 날 때**: ① 현이 가늘 때, ② 현이 짧을 때, ③ 현을 세게 조일 때
② **큰 소리가 날 때**: 현을 세게 튕길 때

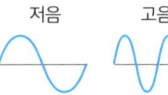

저음   고음

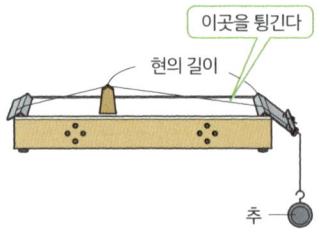
이곳을 튕긴다
현의 길이
추

소리가 1초 동안 진동하는 횟수를 '진동수'라고 하며, 진동수는 소리의 높이에 비례해요. 단위는 Hz(헤르츠)를 사용한답니다!

📗 진동수가 너무 많아서 사람에게 들리지 않는 음파를 '초음파'라고 한다.

물리
문제 18

왜 구급차가 지나갈 때 사이렌 소리가 달라질까?

힌트 소리를 내는 물체가 가까워질 때와 멀어질 때, 무엇이 달라질까요?

해답

질문
왜 구급차가 지나갈 때 사이렌 소리가 달라질까?

구급차가 가까워지면 사람에게 전달되는 진동수가 많아지고 멀어지면 적어지기 때문이지요.

해설

소리를 내는 것을 **음원**이라고 해요. 음원이 관측자에게 가까워지면 **멈춰 있을 때보다 진동수가 더 많아져서 높은 소리가 들린답니다.** 반대로 음원이 관측자에게서 멀어지면 **멈춰 있을 때보다 진동수가 적어져서 낮은 소리가 들리지요.**

음원 소리를 내는 것

음원이 소리를 내며 이동할 때
❶ **음원이 관측자에게 가까워진다**: 관측자에게 높은 소리가 들린다.
❷ **음원이 관측자에게서 멀어진다**: 관측자에게 낮은 소리가 들린다.

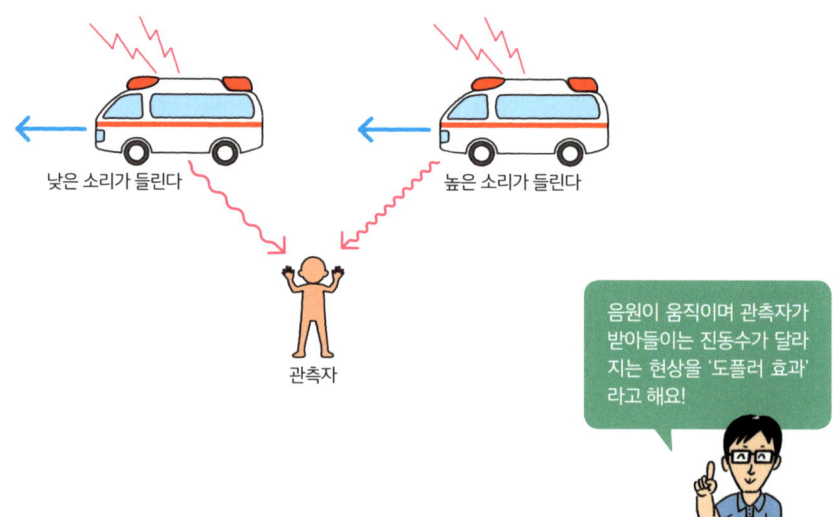

낮은 소리가 들린다　　높은 소리가 들린다
관측자

음원이 움직이며 관측자가 받아들이는 진동수가 달라지는 현상을 '도플러 효과'라고 해요!

📗 음원이 이동하며 진동 간의 거리(파장)가 길어지거나 짧아져서 관측자가 받아들이는 진동수가 달라진다.

왜 바다는 파랗게 보일까?

힌트 햇빛은 무슨 색일까요?

해답

질문 왜 바다는 파랗게 보일까?

태양이 뿜어낸 빛 가운데 파란빛은 물에 흡수되지 않아서 바닷속에서 되돌아 나오기 때문이지요.

해설

태양에서는 **빨강, 주황, 노랑, 초록, 파랑, 남색, 보라** 빛이 나와요. 햇빛이 바다로 쏟아지면 **파란색을 뺀 나머지 색들은 바닷물 속에 흡수돼요.** 파란색은 흡수되지 않고 바다 밑바닥이나 바닷속 물질에 반사되어 우리 눈에 들어오지요. 그래서 바다가 파랗게 보이는 것이랍니다.

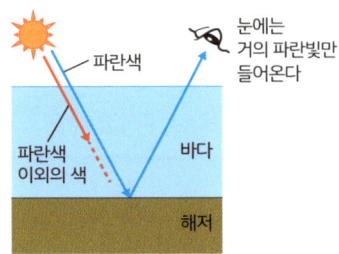

빛의 속도 약 30만 km/s이다(1초 동안 지구 7바퀴 반을 돌 수 있다!). 지구와 태양의 거리가 약 1.5억 km이므로 태양광이 지구에 도달하는 데 약 500초가 걸린다.

태양광의 종류 빨강, 주황, 노랑, 초록, 파랑, 남색, 보라 등. 모든 빛이 섞여서 눈에 들어오면 흰색이 된다.

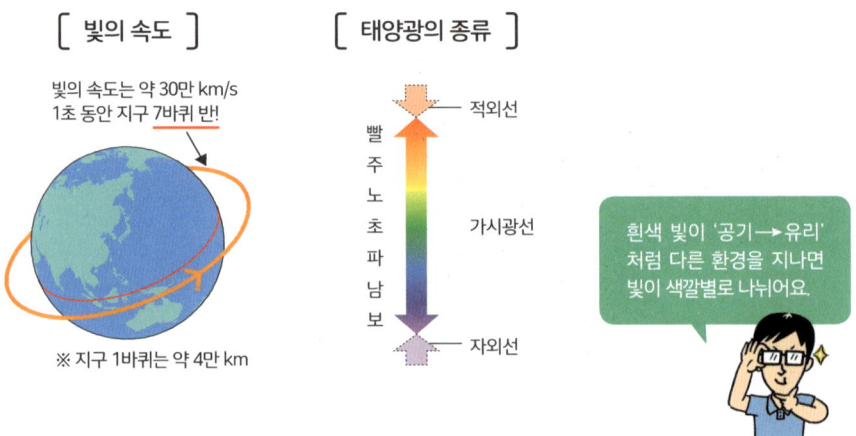

[빛의 속도]
빛의 속도는 약 30만 km/s
1초 동안 지구 7바퀴 반!
※ 지구 1바퀴는 약 4만 km

[태양광의 종류]
빨 주 노 초 파 남 보
적외선
가시광선
자외선

흰색 빛이 '공기→유리' 처럼 다른 환경을 지나면 빛이 색깔별로 나뉘어요.

📗 사람이 지금 보는 태양은 약 500초 전에 태양에서 뿜어져 나온 빛이다.

문제 20 물리

왜 낮에 하늘이 파랗게 보일까?

힌트 태양에서 나온 파란빛과 공기는 어떤 관련이 있을까요?

해답

질문 왜 낮에 하늘이 파랗게 보일까?

태양이 뿜어낸 빛 가운데 파란빛은 공기 중의 작은 알갱이에 부딪혀서 반사(산란)되기 때문이지요.

해설

지구를 둘러싼 대기층 속에는 공기 알갱이 외에도 다양한 입자가 들어 있어요. **파란빛은 다른 색깔 빛보다 대기 속 입자에 쉽게 부딪혀서 반사되고 산란한답니다. 그래서 하늘이 파랗게 보이는 것이지요.**

[낮 하늘]

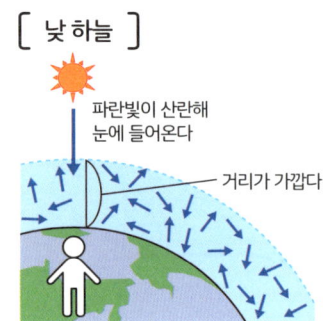

파란빛이 산란해 눈에 들어온다
거리가 가깝다

지구를 둘러싼 대기층　지구 표면에서부터 약 100km까지의 상공
❶ **지표면 부근의 대기**: 질소(약 78%), 산소(약 21%), 이산화탄소(약 0.04%)
❷ **오존층**: 고도 20km보다 위에 있으며 오존이라는 기체가 모여 있다.

낮 하늘　**태양에서 나온 파란빛**이 대기 속 입자에 부딪혀서 산란한다.
저녁 하늘　태양에서 나온 파란빛이 산란하기는 하지만 지표면까지 닿기 어려워진다. 대신 비교적 긴 **붉은빛이 도달하는 비율이 많아진다.** 따라서 하늘이 붉게 보인다(노을이 보인다).

[저녁 하늘]

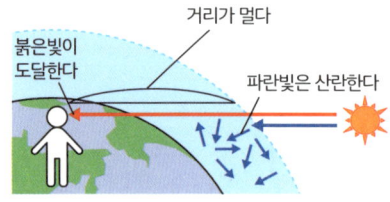

붉은빛이 도달한다
거리가 멀다
파란빛은 산란한다

> 저녁에는 햇빛이 대기 속을 지나는 거리가 길어져서 파란빛이 지표면에 닿기 어려워요.

📗 오존은 파란빛을 띠는 기체이고 자극적인 냄새가 나며 건강에 해롭지만 태양광에 포함된 유해한 자외선을 흡수한다.

왜 비가 그치면 무지개가 뜰까?

힌트 태양에서 나온 빛이 공기 속에 있는 ○○에 들어가요.

해답

질문
왜 비가 그치면 무지개가 뜰까?

햇빛이 공기 중의 빗방울 속으로 들어가서 빛의 종류(색)에 따라 다르게 굴절되기 때문이지요.

해설

빛은 공기에서 물로 들어가면 꺾여요(굴절돼요). 햇빛에 들어 있는 '빨강, 주황, 노랑, 초록, 파랑, 남색, 보라' 빛은 저마다 굴절되는 크기가 다르답니다. 무지개가 보이는 이유는 <u>빗방울에 들어간 모든 빛이 제각각 굴절되고 반사되어 여러 방향에서 눈에 들어오기 때문</u>이에요.

[무지개가 생기는 이유]

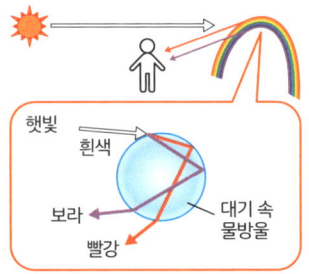

빛의 굴절   빛이 '공기 → 물'처럼 다른 물질로 들어갈 때 꺾이는 현상(빛의 속도가 경계에서 변하기 때문)

❶ **공기 → 물로 들어갈 때**: 경계에서 멀어지는 것처럼 나아간다.
❷ **물 → 공기로 들어갈 때**: 경계에 가까워지는 것처럼 나아간다.

햇빛의 굴절   보라색이 가장 크게 굴절되고 빨간색이 가장 작게 굴절된다.

[빛의 굴절]

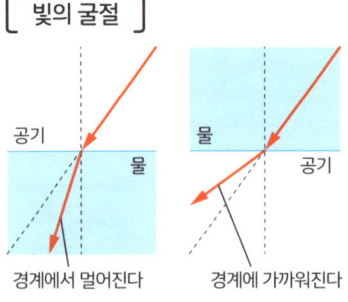

[햇빛의 굴절]

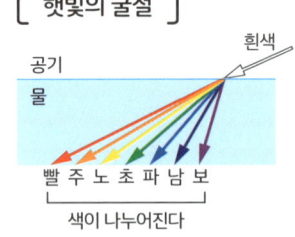

빛이 굴절되는 이유는 빛의 속도가 변하기 때문이에요!

📗 무지개가 뜨려면 공기 속의 빗방울이 태양과 반대쪽에 있어야 한다.

화학

문제 01

왜 양초에 불을 붙이면 액체인 촛농이 줄줄 흐를까?

힌트 초가 고체에서 액체로 변하면 무엇이 달라질까요?

화학 145

해답

질문
왜 양초에 불을 붙이면 액체인 촛농이 줄줄 흐를까?

양초가 고체에서
액체로 변하면 부피가 커지기 때문이지요.

해설

고체인 초가 녹아서 액체가 되고 액체인 촛농이 심지에 달라붙어서 기체로 변한 다음 기체가 타면서 불꽃을 내요.

불꽃이 내뿜는 열 때문에 **고체인 초가 액체로 녹으면서 부피가 커져서** 줄줄 흐르는 것이지요.

[초의 부피 변화]

액체에서 고체로 변할 때 부피가 줄어든다

표시 / 액체인 초 → 표시 / 고체인 초
※ 무게는 똑같다

초의 연소

주변의 산소와 결합해서 열과 빛을 내며 **물과 이산화탄소**를 만들어낸다.

1. **겉불꽃**: 불꽃의 바깥쪽으로 **가장 뜨거운 부분**(약 1,400℃)
2. **속불꽃**: 겉불꽃의 안쪽으로 **가장 밝은 부분**(약 600℃)
3. **불꽃심**: **가장 안쪽 부분**으로 기체인 초가 모여 있다(약 300℃).

초의 부피 변화

초가 고체 → 액체 → 기체로 변할수록 부피가 커진다.

[촛불]

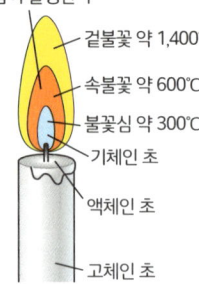

그을음이 발생한다
겉불꽃 약 1,400℃
속불꽃 약 600℃
불꽃심 약 300℃
기체인 초
액체인 초
고체인 초

[나무막대의 상태를 확인하는 실험]

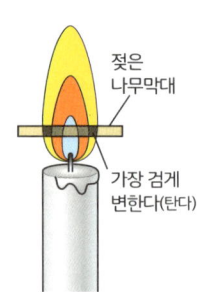

젖은 나무막대
가장 검게 변한다(탄다)

> 겉불꽃이 가장 뜨거운 이유는 주변의 산소와 많이 닿기 때문이에요!

📖 속불꽃이 가장 밝은 이유는 불완전한 연소를 해서 '그을음'이 생기고 그 그을음이 빛을 내기 때문이다.

왜 불꽃은 일렁일까?

힌트 불꽃은 무엇이 타서 생길까요?

해답

질문
왜 불꽃은 일렁일까?

불꽃은 '기체'가 타서 생기기 때문이지요.

해설

양초와 가스레인지와 가스버너에서 나오는 '불꽃'은 <u>기체가 타면서 생겨요</u>. 기체니까 흔들흔들 일렁이지요.

반면 구리 같은 금속이나 바비큐를 할 때 쓰는 숯을 뜨겁게 가열해서 태우면 <u>불꽃이 나지 않고 붉게 빛나며 탄답니다. 고체인 상태로 타기 때문이에요.</u> 석유나 알코올처럼 불에 타는 액체도 있는데, 이런 액체는 <u>불에 타면서 기체로 변해 빛을 낸답니다.</u>

타는 기체·액체·고체

❶ **타는 기체**: 초, LPG 등(불꽃이 난다.)
❷ **타는 액체**: 석유, 알코올 등(타면서 기체로 변해 불꽃이 난다.)
❸ **타는 고체**: 구리, 마그네슘, 숯 등(불꽃이 나지 않고 빛나며 탄다.)

[타는 기체] 기체인 초 / 초
[타는 액체] 알코올
[타는 고체] 숯

나무의 건류 산소가 적은 곳에서 나무를 가열하면 나무가스, 나무타르, 목초액, 숯이 생긴다.

나무가스 안에는 '타는 기체'가 들어 있어요.

[나무의 건류] 나무가스, 목초액, 나무타르, 나무→숯

📖 철을 공기 중에 오래 두면 생기는 '붉은 녹'은 연소하는 것이 아니라 철과 산소가 내부까지 결합하여 생기는 것이다.

왜 꼬깃꼬깃한 종이를 태우면 '연기'가 많이 날까?

힌트 구겨진 종이는 어떤 연소를 할까요?

해답

질문 왜 꼬깃꼬깃한 종이를 태우면 '연기'가 많이 날까?

산소가 종이 안쪽에 충분히 들어가지 못해 불완전한 연소를 하여 수많은 알갱이가 생기기 때문이지요.

해설

물질이 연소하려면 충분한 산소가 필요해요. 산소가 많아서 종이가 **완전연소 하면 이산화탄소와 수증기가 발생**하지요.

반면, 꼬깃꼬깃한 종이를 태우면 안쪽까지 산소가 들어가지 못해서 **불완전연소**를 해요. 그러면 **고체나 액체인 알갱이가 생겨서 연기가 된답니다.**

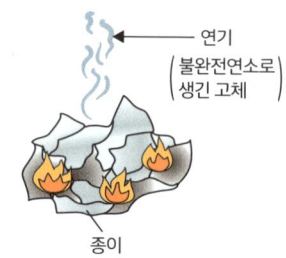

연기 (불완전연소로 생긴 고체)
종이

연소 물질이 빛이나 열을 내며 산소와 결합하는 현상. 산소가 충분한 상태에서 하는 연소를 '완전연소'라고 한다.

연소의 세 조건 ① 산소가 있다 ② 연소할 물질이 있다 ③ 온도가 발화온도 이상이다.

타면(완전연소 하면) 발생하는 물질
1. 이산화탄소와 수증기(물)가 발생하는 것: 초, 알코올, 종이 등
2. 이산화탄소와 물이 발생하지 않는 것: 철, 구리 등의 몇몇 금속 등

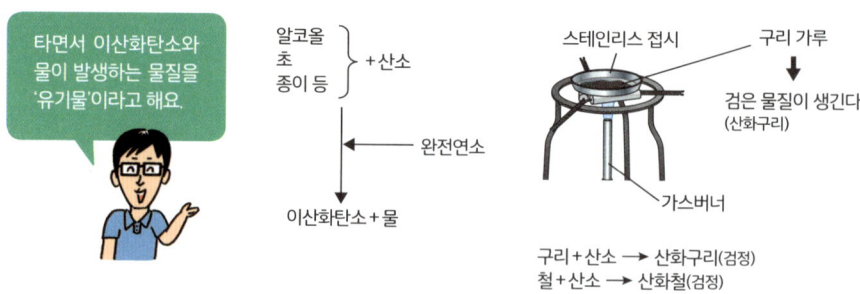

타면서 이산화탄소와 물이 발생하는 물질을 '유기물'이라고 해요.

알코올, 초, 종이 등 + 산소 → 완전연소 → 이산화탄소 + 물

스테인리스 접시, 구리 가루 → 검은 물질이 생긴다 (산화구리)
가스버너
구리 + 산소 → 산화구리(검정)
철 + 산소 → 산화철(검정)

📖 불완전연소를 할 때 발생하는 물질은 대부분 몸에 해롭다.

왜 얼음물이 든 컵은 축축하게 젖을까?

힌트 공기 속에 든 물질과 관련 있어요.

해답

질문
왜 얼음물이 든 컵은 축축하게 젖을까?

공기 중의 수증기가 컵 표면에서 차가워지며 물방울로 변하기 때문이지요.

해설

공기 중에는 **눈에 보이지 않는 수증기**가 있어요. **그리고 수증기가 차가워지면 액체인 물로 변하지요.**

얼음물이 든 컵은 온도가 낮아서 공기 중의 수증기가 컵에 닿으면 차가워지며 물방울로 변한답니다. 이렇게 물방울이 잔뜩 생기면 컵의 바깥쪽이 축축하게 젖게 되지요.

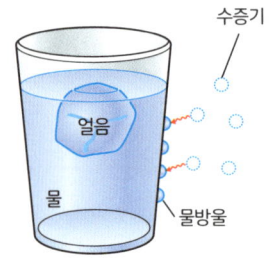

수증기 물(액체)이 기체로 변한 것(눈에 보이지 않는다.)

우리 주변에서 수증기가 물로 변하는 현상
1. **하늘에 구름이 생긴다**: 공기 중의 수증기 → 물방울
2. **이파리에 이슬이 맺힌다**: 공기 중의 수증기 → 물방울
3. **추운 날에 입김이 서린다**: 날숨 속 수증기 → 물방울

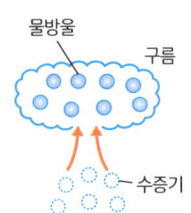
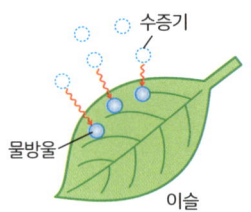
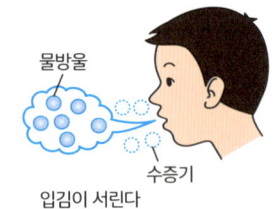

물은 수증기로 변하면서 주변에서 열을 빼앗아요.

📖 물이 수증기로 변하면 부피가 커진다(약 1,700배).

화학

문제 05

왜 주전자에서 나오는 김은 주전자 주둥이에서 살짝 떨어진 곳부터 보일까?

힌트 김이 우리 눈에 보이는 원리를 생각해보아요.

해답

질문
왜 주전자에서 나오는 김은 주전자 주둥이에서 살짝 떨어진 곳부터 보일까?

주전자 주둥이 부분은 뜨거워서 김이 눈에 보이지 않는 수증기 상태이기 때문이지요.

해설

주전자에 물을 담아서 끓이면 100℃ 부근에서 물이 끓기 시작해 점점 수증기로 변해요. **뜨거운 수증기는 주전자 주둥이를 지나 밖으로 빠져나가서 주변의 공기와 만나 식으며 물방울로 바뀌지요.** 물방울들이 잔뜩 모이면 눈에 보이게 되는데, 이것이 바로 '김'이랍니다. 주전자 주둥이 부분은 뜨거워서 수증기가 물방울로 변하지 않아요.

물의 가열 약 100℃가 되면 물 표면이나 안쪽에서 수증기가 나온다.

물을 끓이는 실험
① **준비물**: 온도계, 둥근바닥 플라스크, 끓임쪽(비등석)
② **처음에 나오는 거품**: 물에 녹아 있던 공기
   나중에 나오는 거품: 물이 수증기로 변한 것
③ 물의 온도가 약 100℃가 되어서 끓으면 한동안 온도가 변하지 않는다.

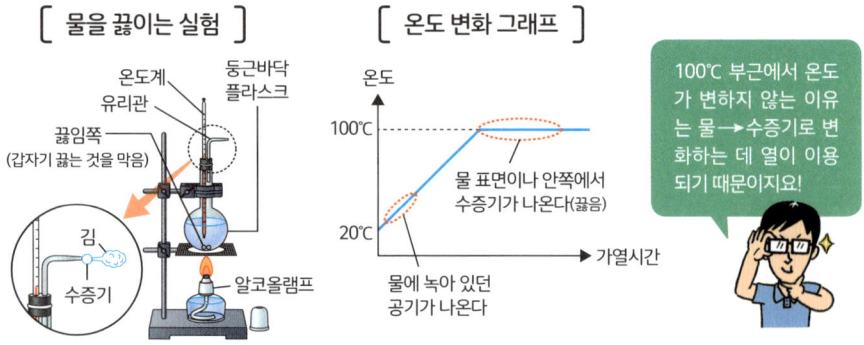

📖 한라산 정상처럼 높은 지대에서 물을 끓이면 100℃보다 낮은 온도에서 끓는다.

화학

문제 06

왜 꽝꽝 언 얼음을 집으면 손에 달라붙을까?

힌트 차가운 얼음이 무엇을 얼릴까요?

1 음료수에 얼음 넣어야지.

2 으악~ 달라붙었어!

3 주먹밥을 만들 때처럼 손에 물을 묻히면 안 붙지 않을까?
그렇구나! 해볼게요.

4 더 붙었잖아~~!!
아닌가…

해답

질문
왜 꽝꽝 언 얼음을 집으면 손에 달라붙을까?

손의 표면에 있던 수분이 얼어서 얼음이 달라붙는 것이지요.

해설

물을 얼리면 0℃ 부근에서 얼기 시작해 얼음이 된답니다. <u>얼음은 얼리면 얼릴수록 온도가 떨어져요.</u> 손의 표면에도 수분이 있어서, 0℃보다 더 낮은 차가운 얼음을 직접 만지면 <u>손에 있던 수분이 얼면서 얼음이 손에 붙는답니다.</u>

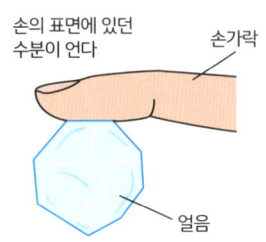

물을 얼리는 실험

① **준비물**: 얼음, 소금, 비커, 시험관, 온도계
　※ 얼음 100g당 소금은 약 35g을 섞으면 좋다.
② **온도 변화**: 0℃가 되면 물이 얼기 시작하고 완전히 얼면 온도가 떨어진다.
③ **부피 변화**: 물 → 얼음으로 변하면 부피가 약 1.1배 커진다(무게는 똑같다).
　※ 대부분의 물질은 액체 → 고체가 되면 부피가 작아진다.

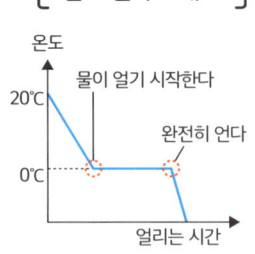

물이 얼기 시작하면 온도가 변하지 않는 이유는 물→얼음이 될 때 주변으로 열을 방출하기 때문이에요!

📖 얼음과 소금을 섞은 것을 '냉각제'라고 하며, 냉각제는 시험관 속 물을 0℃보다 낮은 온도까지 떨어뜨린다.

왜 드라이아이스를 바닥에 던지면 쓱 미끄러질까?

힌트 드라이아이스의 표면은 어떻게 되어 있지요?

해답

질문
왜 드라이아이스를 바닥에 던지면 쓱 미끄러질까?

드라이아이스 표면에서 **기체인 이산화탄소**가 나와서 바닥과의 사이에 얇은 층이 생기기 때문이지요.

해설

<u>드라이아이스는 이산화탄소를 약 -79°C까지 얼려서 고체로 만든 것</u>이에요. 드라이아이스를 상온에 두면 표면부터 기체로 변하기 시작해서 시간이 지나면 전부 사라지지요. 드라이아이스가 이리저리 미끄러지는 이유는 표면에서 나온 이산화탄소 기체층이 바닥과 드라이아이스 사이에 생기기 때문이랍니다.

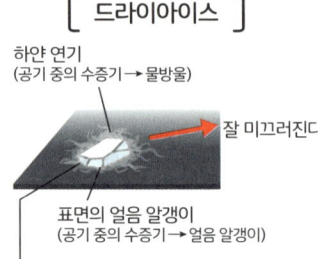

[드라이아이스]
- 하얀 연기 (공기 중의 수증기 → 물방울)
- 잘 미끄러진다
- 표면의 얼음 알갱이 (공기 중의 수증기 → 얼음 알갱이)
- 바닥과 드라이아이스 사이의 이산화탄소층

드라이아이스의 변화
1. **상온에 방치**: '고체 → 기체'로 변한다.
2. **물에 넣으면 생기는 거품**: 기체인 이산화탄소가 나온다.
3. **드라이아이스 표면의 얼음 알갱이**: 공기 중의 수증기가 얼어서 얼음 알갱이가 된다.

기체 ⇄ 고체 변화 사례
1. 아침에 이파리에 '서리'가 내린다(공기 중의 수증기 → 얼음 알갱이).
2. 냉동실 속 얼음이 점점 작아진다(얼음 → 수증기).

[수증기 ⇄ 얼음 변화]
① 서리가 내린다
- 공기 중의 수증기
- 서리(얼음 알갱이)

② 얼음이 작아진다
- 얼음
- 얼음 → 수증기

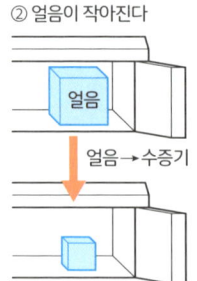

차가운 드라이아이스는 얼음보다 빨리 열을 빼앗으므로 보랭제로 쓰인답니다.

📖 드라이아이스 겉에서 나오는 '하얀 연기'는 공기 중의 수증기가 차가워져서 물방울이 된 것이다.

화학 문제 08

왜 탄산음료가 든 페트병을 흔들면 팽팽해질까?

힌트 탄산음료에서 어떤 일이 벌어질까요?

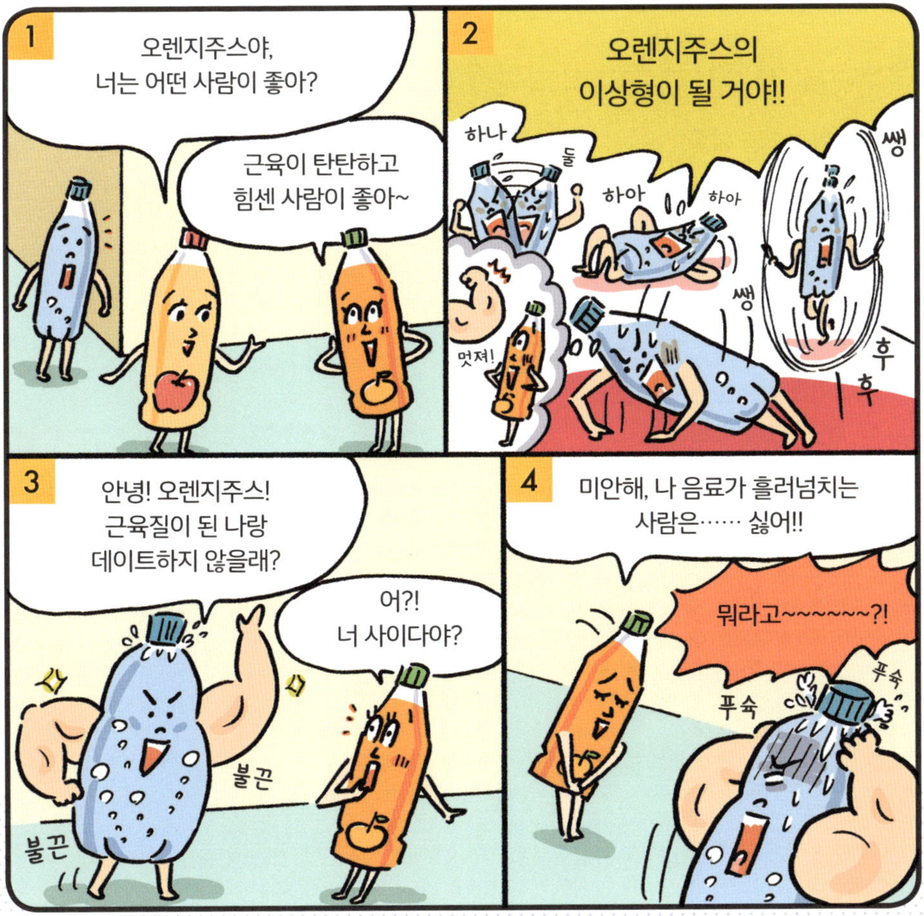

해답

질문
왜 탄산음료가 든 페트병을 흔들면 팽팽해질까?

액체에 녹아 있던 이산화탄소가 기체가 되어서 나오기 때문이지요.

해설

이산화탄소는 물에 잘 녹는 기체 중의 하나이고 <u>이산화탄소가 물에 녹은 수용액을 탄산수라고 해요.</u>

탄산수를 흔들면 안에 녹아 있던 이산화탄소가 기체가 되어 나와서 페트병이 팽팽해진답니다.

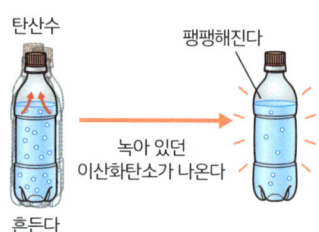

물을 휘저으면 안에 녹아 있던 이산화탄소가 기체가 되어서 나와요.

이산화탄소의 성질
❶ 무색무취이다.
❷ 같은 온도와 부피의 공기보다 약 1.5배 무겁다.
❸ 물에 잘 녹는다(녹아서 탄산수가 된다).
❹ 석회수에 넣으면 석회수가 뿌옇게 흐려진다.

이산화탄소를 물에 녹이는 법
❶ 물이 많을수록 잘 녹는다.　　❷ 물이 차가울수록 잘 녹는다.

[이산화탄소와 석회수]　　　　[이산화탄소와 물의 온도]

※ 이산화탄소는 저온일수록 잘 녹는다

수산화암모늄과 염산도 탄산수처럼 기체를 녹여서 만든 수용액이다.

문제 09

왜 물에 각설탕을 넣으면 아지랑이가 보일까?

힌트 물속에서 고체인 설탕이 어떻게 될까요?

1 홍차에 각설탕을 넣고 관찰해보자.
네~

2 무언가가 가물가물 움직이지?
아롱 아롱 아롱

3 이게 뭐야~
모르겠어~
아롱 아롱 아롱

4 무엇인지 잘 고민해보렴~
후후후
흐~음?

해답

질문
왜 물에 각설탕을 넣으면 아지랑이가 보일까?

녹은 설탕은 물보다 밀도가 커서,
빛이 녹은 설탕을 통과할 때 방향을 틀기 때문이지요.

해설

설탕은 0°C의 물 100g에 100g 넘게 녹을 정도로 물에 잘 녹는 고체 가운데 하나예요. 각설탕을 물에 넣으면 겉에서부터 녹기 시작하는데, **녹은 설탕은 물보다 밀도가 크지요.** 빛이 밀도가 달라지는 부분을 통과하면 방향이 꺾여서(굴절해서) 아지랑이가 보이게 된답니다.

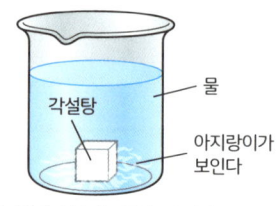

[각설탕이 녹는 모습]

※ 아지랑이가 보이는 현상 = 슐리렌 현상

용해도 물 100g에 최대로 녹는 물질의 양
① 물질의 종류마다 다르다.
② 대체로 액체의 온도가 높을수록 고체가 잘 녹는다.

소금의 용해
액체의 온도가 변해도 **최대로 녹는 양은 크게 달라지지 않는다.**

붕산의 용해
액체의 온도가 변하면 **최대로 녹는 양이 크게 달라진다.**

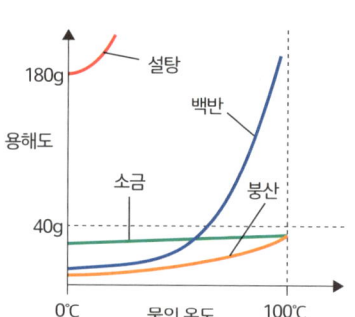

[용해도 곡선]

붕산수의 온도를 낮추면 붕산 알갱이가 많이 생겨요.

📖 물질이 이미 많이 녹아 있어서 더 이상 녹지 않는 수용액을 '포화수용액'이라고 한다.

왜 얼음의 가운데는 하얀색일까?

힌트 물고기가 물속에서 살 수 있는 이유는 무엇일까요?

1. 편의점에서 파는 얼음은 투명한 편인데 집에서 얼린 얼음은 하얗지?

2. 왜 그럴까? / 저요!

3. 편의점 냉동실은 문이 투명한데 집 냉장고는 문이 하얗잖아요. / 예리한걸……. / 오오~

해답

질문
왜 얼음의 가운데는 하얀색일까?

물속에 들어 있는 공기와 미네랄이 얼음 가운데로 모이기 때문이지요.

해설

수돗물 같은 <u>물속에는 공기와 미네랄이라는 물질이 녹아 있어요.</u> 수돗물을 얼리면 겉에서부터 얼기 시작하는데, 이때 물속에 있던 공기와 미네랄은 가운데로 모이지요. 물이 다 얼었을 때 얼음 가운데에 보이는 하얀색은 물속 공기와 미네랄이랍니다.

[얼음 가운데 하얀 부분]

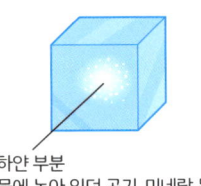

하얀 부분
물에 녹아 있던 공기, 미네랄 등

물(수돗물)에 녹아 있는 물질
① **공기**: 물고기가 물속에서 살 수 있는(호흡할 수 있는) 이유는 공기가 있기 때문이다.
② **미네랄**: 나트륨, 칼륨, 칼슘, 마그네슘 등을 말한다.

얼음을 녹이면 나오는 하얀 고체
얼음을 만들 때 가운데에 모인 미네랄 중 일부가 물에 녹지 않는 물질이 되어서 나온다.

[물속에 녹아 있는 물질]

① 공기

② 미네랄
칼슘 (Ca)
마그네슘 (Mg)
나트륨 (Na)
칼륨 (K)

몸에 꼭 필요한 영양소이다.

미네랄은 인체에 꼭 필요한 영양소 가운데 하나랍니다.

📕 주전자에 물을 넣고 물이 다 날아갈 때까지 끓이면 하얀 미네랄 알갱이가 남는다.

공기에는 어떤 기체가 들어 있을까?

힌트 가장 많이 들어 있는 기체는 산소가 아니라…….

해답

질문
공기에는 어떤 기체가 들어 있을까?

대표적으로 질소가 약 78%, 산소가 약 21%, 이산화탄소가 약 0.04% 들어 있어요.

해설

지표면 부근(대류권)에 있는 공기 속에는 **질소가 약 78%, 산소가 약 21%, 아르곤이 약 1%, 이산화탄소가 약 0.04%** 포함되어 있어요. 지구에 있는 공기는 여러 기체가 섞인 **혼합기체**랍니다.

지구온난화의 영향으로 이산화탄소의 비율이 매년 조금씩 늘고 있어요.

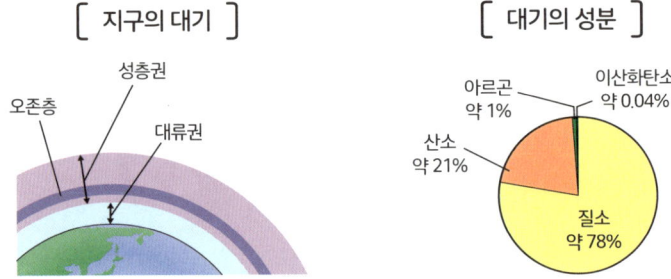

지구 공기의 성분

1. **공기의 성분**: 질소(약 78%), 산소(약 21%), 아르곤(약 1%), 이산화탄소(약 0.04%), 그 외(수증기 등)
2. **공기 중의 수증기**: 날씨나 지역마다 공기에 포함된 수증기량이 크게 달라진다(비가 오는 날은 공기 중 수증기의 비율이 높다).

지구 공기 속에 산소가 충분해서 생물이 살아갈 수 있어요.

📖 화성의 대기는 약 96%가 이산화탄소이다(산소는 약 0.13%).

화학

문제 12

'과산화수소수'와 '옥시돌'은 무엇이 다를까?

힌트 옥시돌은 평소에 어디에 쓸까요?

해답

질문
'과산화수소수'와 '옥시돌'은 무엇이 다를까?

옥시돌은 2.5~3%의 과산화수소 수용액에 안정제를 더한 것을 말해요.

해설

과산화수소수는 '과산화수소'라는 액체를 물에 녹여서 만든 수용액이에요. '옥시돌'은 2.5~3%의 과산화수소가 녹아 있는 수용액에 안정제를 더한 액체로, 상처를 소독하는 데 쓴답니다.

옥시돌 속의 과산화수소가 상처 부위의 혈액과 반응하면 산소가 보글보글 생기는데, 이 거품에 살균 효과가 있어요.

산소의 성질
① 같은 온도와 부피의 공기보다 약 1.1배 무겁다.
② 무색무취이다.
③ 물질이 잘 타게 한다(조연성이 있다).
④ 물에 잘 녹지 않는다.

산소 만드는 법 묽은 과산화수소수에 이산화망가니즈를 넣는다.
(검은 이산화망가니즈를 넣으면 산소가 더 많이 발생한다.)

[산소 만드는 법]

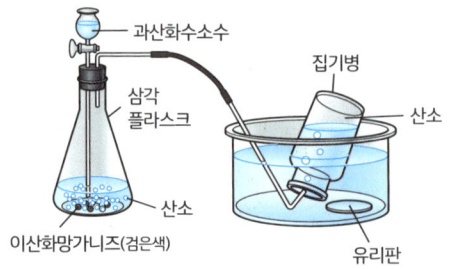

이산화망가니즈 대신 '감자'나 '소의 간'을 넣어도 돼요!

📖 이산화망가니즈는 산소가 발생하도록 돕기만 하고 반응하지는 않는다.

문제 13

왜 욕조에 입욕제를 넣으면 거품이 날까?

힌트 이 거품의 정체는 무엇일까요?

해답

질문
왜 욕조에 입욕제를 넣으면 거품이 날까?

입욕제의 **탄산수소나트륨과 산**이 물에 녹으며 반응해서 **이산화탄소가 발생하기 때문**이지요.

해설

입욕제 안에는 탄산수소나트륨과 산(유기산)이 들어 있어요. 이 두 성분이 물에 녹으며 반응해서 **이산화탄소가 발생하지요.** 이산화탄소가 바로 입욕제에서 나오는 거품의 정체랍니다.

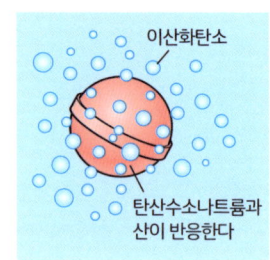

탄산수소나트륨과 산이 반응한다

이산화탄소 만드는 법 ❶과 ❷, 2가지 방법이 있다.

❶ **묽은 염산에 석회석을 넣는다.**
  ※ 석회석 대신 달걀껍데기, 조개껍데기, 대리석을 넣어도 반응한다. '탄산칼슘'이 많이 들어 있는 물질이면 된다.

❷ **탄산수소나트륨을 가열한다.**

[묽은 염산에 석회석을 넣는 방법]   [탄산수소나트륨을 가열하는 방법]

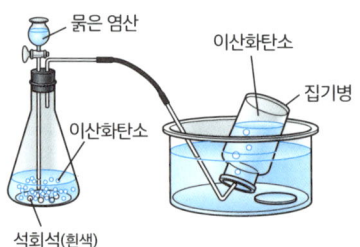

염산과 석회수 모두 반응에 이용된답니다.

📖 석회석을 잘게 부수면 표면적이 넓어져서 반응속도가 빨라진다.

화학

문제 14

왜 수소를 '깨끗한 에너지'라고 할까?

힌트 수소가 타면 무엇이 생길까요?

해답

질문
왜 수소를 '깨끗한 에너지'라고 할까?

수소는 **타면 산소와 결합해서 물이 생기기 때문**이지요.

해설

수소는 타는 기체로, 수소와 산소가 반응해서 생긴 에너지를 전기에너지로 바꾸는 연료전지에 사용돼요. **수소가 타고 난 뒤에는 물만 생기기 때문에** 지구 환경을 위협하지 않는답니다. 그래서 수소를 '깨끗한 에너지'라고 부르는 것이지요.

수소의 성질
1. 같은 온도와 부피의 공기보다 약 0.07배 무겁다(가장 가볍다).
2. 무색무취이다.
3. 탄다(가연성이 있다).
4. 물에 거의 녹지 않는다.

수소의 연소 수소 + 산소 → 물
수소 만드는 법 ①과 ②, 2가지 방법이 있다.
1. 묽은 염산에 알루미늄이나 철을 넣는다.
2. 수산화나트륨 수용액에 알루미늄을 넣는다.

[수소 만드는 법]

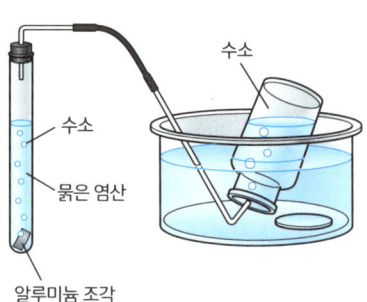

묽은 염산에 아연을 넣어도 수소가 생겨요.

📙 수소는 물에 거의 녹지 않으므로 '수상치환법'으로 모은다.

문제 15 화학

왜 캔은
알루미늄과 철 두 종류가 있을까?

힌트 철과 알루미늄은 어떤 차이가 있을까요?

1 나는 알루미늄 캔! 가벼운 남자라고 말들 하지만 신경 쓰지 않아!

오! 인기남!

2 나는 철 캔. 신념을 고수하는 묵직한 남자라고.

형님! 멋있어요!

해답

질문
왜 캔은 알루미늄과 철 두 종류가 있을까?

알루미늄은 부드러워서 탄산음료를 담는 데 사용되고 철은 커피 같은 음료를 담는 데 사용되기 때문이지요.

해설

알루미늄 캔의 재료인 **알루미늄은 부드러워서 잘 변형돼요.** 연한 금속이기 때문에 **탄산음료처럼 캔 내부에서 강한 압력을 가하는 음료가 들어 있어야 형태가 보존**되지요.

철로 만든 캔은 **아주 단단하기 때문에 외부에서 센 압력을 주어 살균 처리하는 커피 같은 음료를 담는 데 사용**된답니다.

금속의 성질
1. **반짝거린다(금속광택).**
2. **전기와 열이 잘 통한다.**
3. **힘을 가하면 펴지거나 늘어난다.**

광택이 난다

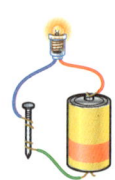
전기가 잘 통한다

열이 잘 전해진다

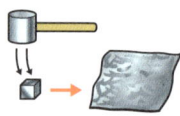
두드리면 펴진다

다양한 금속의 성질
1. **자석에 붙는 금속**: 철, 니켈, 코발트
2. **염산에 녹아서 수소를 만드는 금속**: 알루미늄, 철, 아연, 마그네슘
3. **전기와 열이 잘 통하는 순서**: 은 > 구리 > 금 > 알루미늄 > 철

금속마다 '밀도'가 달라요.

📘 알루미늄은 수산화나트륨 수용액에도 녹아서 수소를 만든다.

왜 스마트폰을 만들 때 '금'을 사용할까?

힌트 금과 은은 어떤 성질이 있을까요?

해답

질문
왜 스마트폰을 만들 때 '금'을 사용할까?

다른 금속보다 잘 녹슬지 않고 가공하기 쉽기 때문이지요.

해설

금은 **전기가 잘 통하는 성질** 말고도 **철이나 구리에 비해 녹슬지 않고, 다른 금속보다 얇게 펴서 가공하기 쉽다**는 특징이 있어요.

그래서 비싸더라도 스마트폰이나 여러 전자제품을 만드는 데 널리 사용된답니다.

[금의 성질]
잘 녹슬지 않는다
$1cm^3$가 약 19.3g
가공하기 쉽다

금의 성질
① 밀도: 약 $19.3g/cm^3$
② 전기와 열이 잘 통한다.
③ 거의 녹슬지 않는다.
④ 얇게 펴져서 가공하기 쉽다.

> 금은 재생 가능한 금속 가운데 하나예요.

철과 구리의 녹
① **철의 붉은 녹**: 철이 산소와 천천히 결합해서 생긴다. 전기가 통하지 않는다.
② **구리의 초록 녹**: 구리가 산소와 천천히 결합해서 생긴다. 푸른빛이 도는 녹색을 띤다.

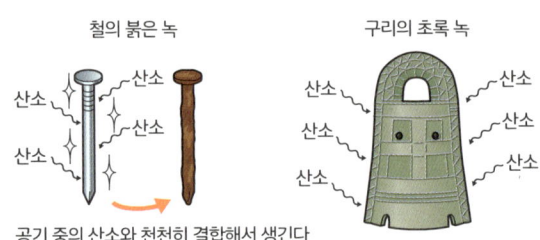

철의 붉은 녹 / 구리의 초록 녹
공기 중의 산소와 천천히 결합해서 생긴다

📘 '금박'은 두께를 0.0001mm까지 얇게 펼 수 있다.

화학

문제 17

왜 홍차에 레몬을 뿌리면 색이 옅어질까?

힌트 레몬즙은 산성이에요.

해답

질문
왜 홍차에 레몬을 뿌리면 색이 옅어질까?

레몬즙은 산성이고, 홍차는 산성이 되면 색이 없어지는 성질이 있기 때문이지요.

해설

홍차를 붉게 만드는 색소 가운데 하나로 '테아플라빈'이라는 물질이 있어요. 이 색소는 **액체가 산성이 되면 무색으로 변하는 성질**이 있답니다. 레몬즙 속에는 산성 물질인 '구연산'이 들어 있어서 홍차에 레몬을 넣으면 색이 옅어지지요.

[홍차의 색 변화]

홍차색 → 옅은 색, 레몬즙

산성·중성·염기성

① **산성 수용액**: 붕산수, 식초, 염산, 탄산수, 레몬즙 등
② **중성 수용액**: 식염수, 설탕물, 알코올 수용액 등
③ **염기성 수용액**: 수산화나트륨 수용액, 석회수, 암모니아수 등

지시약 산성, 중성, 염기성을 판별하는 약품. BTB 용액, 리트머스종이, 페놀프탈레인 용액 등이 있으며 용액의 성질에 따라 색이 달라진다.

	산성	중성	염기성
푸른 리트머스종이	빨강	파랑	파랑
붉은 리트머스종이	빨강	빨강	파랑
BTB 용액	노랑	초록	파랑
페놀프탈레인 용액	투명	투명	빨강

※ BTB 용액은 숨을 불어 넣어서 '초록색'으로 만든 뒤 사용한다.

대체로 산성 수용액은 시고 염기성 수용액은 써요! 먹으면 위험한 수용액도 있으니 조심해야 한답니다.

📖 보라색 양배추의 즙도 지시약으로 쓸 수 있다.

왜 씁쓸한 생채소도 드레싱을 뿌리면 먹을 만할까?

힌트 생채소가 쓴 이유는 무엇일까요?

해답

질문
왜 씁쓸한 생채소도 드레싱을 뿌리면 먹을 만할까?

생채소의 염기성과 드레싱의 산성이 중화되기 때문이지요.

해설

생채소는 염기성이라 씁쓸해서 그냥 먹기는 힘들어요. **드레싱은 식초가 들어 있어서 산성**을 띠는데, 드레싱의 산성이 생채소의 염기성과 만나면 중화반응을 일으켜서 씁쓸한 맛을 없애준답니다. 그래서 쓰디쓴 채소도 드레싱이나 마요네즈를 뿌리면 먹기 좋게 느껴지지요.

산성과 염기성의 중화   산성과 **염기성**이 만나서 **중성**이 되는 반응

중화반응의 예시
① **염산과 수산화나트륨 수용액의 반응**: 염산 + 수산화나트륨 → 소금 + 물
② **석회수와 이산화탄소의 반응**: 석회수에 이산화탄소를 불어 넣으면 뿌옇게 흐려진다.

반응이 끝나고 남는 물질
염산과 수산화나트륨 수용액이 적절히 반응한 뒤에 발생한 물을 증발시키면 '소금'이 남는다.

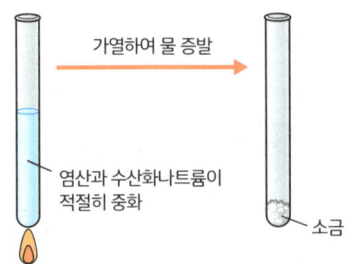

수산화나트륨 수용액이 많으면 염기성이, 염산이 많으면 산성이 돼요.

색깔 딱풀(염기성)을 바르고 조금 지나면 투명한 색으로 변하는 이유도 공기 중의 이산화탄소(산성)와 중화되기 때문이다.

화학 문제 19

왜 산성비는 평범한 비보다 산성이 셀까?

힌트 산성비는 빗물 속에 무엇이 녹아 있을까요?

해답

질문
왜 산성비는 평범한 비보다 산성이 셀까?

자동차나 공장에서 나온 매연이 빗물에 녹아서 산성이 강해지기 때문이지요.

해설

환경문제 가운데 하나인 산성비는 **자동차나 공장의 배출가스 속에 들어 있는 '질소산화물'과 '유황산화물'**이 빗물에 녹아서 산성이 강해진 비예요. 산성비는 물속에 사는 생물을 죽이고 건물을 부식시키지요.

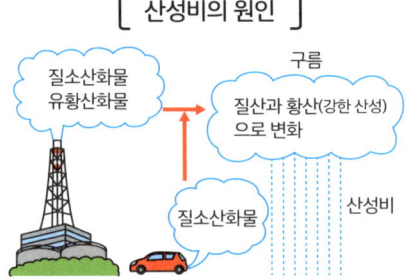
[산성비의 원인]

산성비

❶ **원인**: 자동차나 공장의 배출가스에 들어 있는 '질소산화물'과 '유황산화물'이 빗물에 녹아서 산성이 강해진다.

❷ **산성비가 끼치는 영향**: 삼림을 말려 죽인다. 강과 늪을 망가뜨려서 물고기가 살지 못하게 한다. 건물을 부식시킨다.

[산성비가 끼치는 영향]

식물이 시든다　　　건물이 무너진다

pH(피에이치)

산성의 강도를 나타내며, 7보다 작을수록 산성이 세다.

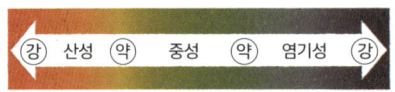

| pH | 0 | 1 | 2 | 3 | 4 | 5 | 6 | 7 | 8 | 9 | 10 | 11 | 12 | 13 | 14 |

염산　식초　　　　증류수　암모니아수　수산화나트륨 수용액
황산　탄산수　　　녹말풀　탄산수소나트륨 수용액

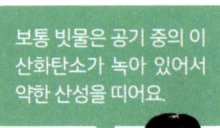
보통 빗물은 공기 중의 이산화탄소가 녹아 있어서 약한 산성을 띠어요.

📖 석회동굴은 석회암이 산성인 빗물에 녹아서 만들어진다.

화학

문제 20

왜 지구 대기 속에는 산소가 있을까?

힌트 무엇이 산소를 만들까요?

해답

질문
왜 지구 대기 속에는 산소가 있을까?

광합성을 하는 식물이 이산화탄소와 물을 산소로 바꾸기 때문이지요.

해설

지구가 생긴 약 46억 년 전에는 대기 속에 산소가 없었어요. 지구에 생물이 탄생하고 식물의 선조인 '남조식물'이 나타났는데, **남조식물은 바닷속에서 빛에너지를 이용해 물에 녹아 있는 이산화탄소와 물을 산소와 녹말로 바꾸었지요.** 식물이 광합성을 하는 덕분에 지금 대기 중에 산소가 있는 것이랍니다.

[지구의 산소와 광합성]

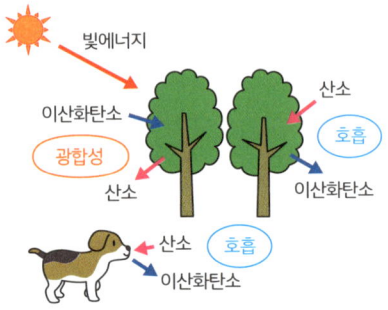

광합성의 공식   이산화탄소 + 물 ⟶ 산소 + 녹말
                                   ↑
                               (빛에너지)

호흡의 공식   산소 + 녹말 ⟶ 이산화탄소 + 물
                              ↓
                       (생명에 필요한 에너지)

호흡은 광합성과 반대로 생명에 필요한 에너지를 만들어요!

오래전 지구의 대기

대부분 뜨거운 수증기였으며 그 외에 메탄, 암모니아, 이산화탄소가 있었다고 추정한다.

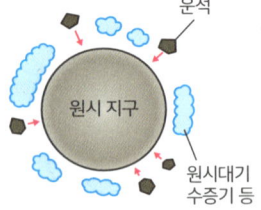

📖 대기 중에 산소가 많아지면서 오존층이 생겼다.

왜 플라스틱은 태우면 안 될까?

힌트 유해물질이 나오는 것 말고 다른 이유도 있어요.

해답

질문
왜 플라스틱은 태우면 안 될까?

재활용되는 자원이기 때문이지요.

해설

페트병 같은 플라스틱은 석유로 만들어요. 일부 플라스틱은 태우면 해로운 물질이 나와서 태우지 않는 편이 좋다고 하는데, 그보다 중요한 점은 **플라스틱이 재활용되는 물질이라는 사실이지요.** 그래서 태워버리기보다 재이용하거나 다른 제품으로 만드는 것이랍니다.

플라스틱   석유로 만든다.
① **플라스틱의 연소**: 타면 이산화탄소와 물이 발생한다(해로운 물질도 일부 나온다).
② **종류**: PE(폴리에틸렌), PET(폴리에틸렌 테레프탈레이트), PP(폴리프로필렌) 등
③ **성질**: 가볍고 튼튼하다. 열을 가하면 모양이 변해서 가공하기 쉽다.

[플라스틱의 성질]

① 가볍고 튼튼하다

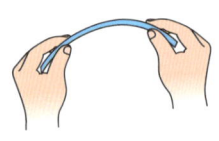

② 열을 가하면 모양이 변한다

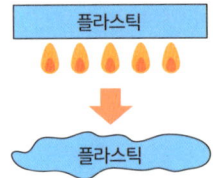

플라스틱은 잘게 잘라서 의류를 만드는 데도 사용한다.

설명을 더한 찾아보기

ㄱ

가시광선 ··················· 140
우리 눈에 보이는 빛으로, 빨강, 주황, 노랑, 초록, 파랑, 남색, 보라가 있다.

간 ························ 48, 54
암모니아를 요산으로 바꾸고, 쓸개즙을 만드는 등의 역할을 하는 기관

갈래꽃 ··················· 22
꽃잎이 낱낱이 갈라져 있는 꽃

감각기관 ················· 60
빛과 소리 같은 자극을 받아들이는 기관으로, 눈, 귀, 코, 피부, 혀가 있다.

강풍반경 ················· 92
태풍 주변에서 초속 15m 이상의 바람이 부는 지역

건습구 습도계 ············ 80
습도를 측정하는 장치로, 건구와 습구의 온도 차를 읽고 습도표에서 습도를 구한다.

겉불꽃 ··················· 146
불꽃의 바깥쪽으로 가장 뜨거운 부분

겉씨식물 ················· 20
씨가 없고 밑씨가 밖으로 드러나 있는 식물

게릴라성 집중호우 ········ 84
갑자기 날씨가 흐려지며 좁은 지역에 짧은 시간 동안 거센 비가 내리는 현상

고기압 ··················· 82
주변보다 기압이 높은 곳으로 하강기류가 일어난다.

공전(지구) ··············· 76
태양의 주위를 서에서 동으로 1년에 약 360° 도는 일

광합성 ·················· 26, 184
식물이 빛에너지를 이용해 이산화탄소와 물로 녹말과 산소를 만드는 작용

구름양 ··················· 90
하늘 전체 넓이를 10이라고 했을 때 구름이 차지하는 비율

규모 ····················· 94
진원에서 발생한 에너지의 크기

금 ······················· 176
전기와 열이 잘 통하고 잘 녹슬지 않는 금속

금성 ····················· 66, 78
지구보다 안쪽에서 공전하는 내행성으로, 해가 뜨기 전 동쪽 하늘과 해가 진 후 서쪽 하늘에 보인다.

기공 ····················· 26
식물에서 산소, 이산화탄소, 수증기가 드나드는 입구

꽃가루받이 ··············· 18, 20, 32
수술에서 나온 꽃가루가 암술머리에 붙는 일

ㄴ

난층운 ··················· 84, 86
가로로 얇게 발달하며 넓은 지역에 이슬비를 내리는 구름

남중(태양) ··············· 62
태양이 정남쪽에 오는 것

내행성 ··················· 78
태양계의 행성 가운데 지구 안쪽에서 공전하는 행성. 수성, 금성

ㄷ

단락회로 124
아주 큰 전류가 흐르는 회로

단일식물 30
밤이 길어지면 꽃이 피는 식물

달 68, 70, 72
지구 주위를 공전하는 위성

대류 112, 116
열의 전달법 가운데, 가열한 기체나 액체가 빙글빙글 도는 현상

대륙판 96
대륙을 이루는 판으로 한반도 주변에는 북아메리카판과 유라시아판이 있다.

동맥 56
심장에서 나온 혈액이 흐르는 혈관

ㄹ

리트머스종이 178
산성이 닿으면 푸른 리트머스종이는 빨간색으로 변하며, 염기성이 닿으면 붉은 리트머스종이는 파란색으로 변한다.

ㅁ

마그마 98
지하에 있는 암석이 녹아서 만들어진 고온의 액체

마찰력 132
물체와 바닥 사이에 발생하는 힘

망막 60
눈 안에서 빛의 정보를 전기신호로 바꾸는 부분

모노코드 136
공명 상자 위에 한 줄의 현을 치고, 소리가 나게 만든 악기

모세혈관 52, 54
온몸에 그물 모양으로 펴져 있는 가는 혈관

무척추동물 38
몸 안에 뼈가 없는(등뼈가 없는) 동물

물관 26
뿌리에서 빨아들인 물과 비료가 지나는 통로

밀도 130
물질 1cm³의 무게

밑씨 18
종자식물에서 발달하여 씨(종자)가 되는 부분

ㅂ

바이메탈 110
열을 받았을 때 팽창하는 정도가 서로 다른 금속을 맞붙인 것

반사각 108
면에 반사된 빛(반사광선)과 법선이 이루는 각도

반사의 법칙 108
빛이 물체의 표면에서 반사될 때 '입사각=반사각'이 되는 법칙

받침점 128
지렛대를 받치는 부분이며 움직이지 않는다.

발광다이오드 120
LED의 다른 말

백혈구 52
혈액 중 고체 성분으로, 세균과 바이러스로부터 몸을 지킨다.

법선 108
어느 면과 수직인 직선

변온동물 42
기온에 따라 체온이 변하는 동물

병렬연결 124
전류가 흐르는 길이 여러 개인 연결법

복사 112, 116
열의 전달법 가운데, 빛을 흡수해서 열로 변하여 따뜻

해지는 현상

부력 · 130
액체가 물체를 밀어 올리는 힘

부피팽창 · 110
물체가 모양 그대로 커지는 팽창

불꽃심 · 146
불꽃의 가장 안쪽 부분으로 기체인 초가 모여 있다.

불완전탈바꿈 · 40
알 → 애벌레 → 성충으로 성장하는 현상

빛의 굴절 · 144
빛이 투명한 물질에서 다른 투명한 물질로 들어갈 때 경계면에서 꺾이는 현상

빛의 속도 · 140
공기 중에서 약 30만 km/s

ㅅ

사암 · 100
모래가 굳어서 생긴 암석

산성비 · 182
산성이 센 비

산소 · 168
무색무취이며, 물에 거의 녹지 않고, 물질이 타는 것을 돕는 성질이 있는 기체

산화구리 · 150
구리가 산소와 만나 산화한 물질

산화철 · 150
철이 산소와 만나 산화한 물질

상승기류 · 82, 86
위로 올라가는 공기의 흐름. 저기압이 생긴다.

상태변화 · 114
물체가 고체 ↔ 액체, 액체 ↔ 기체, 고체 ↔ 기체로 변하는 일

석회암 · 100
산호의 사체가 굳어서 생긴 암석

선팽창 · 110
길이가 길어지는 팽창

소리의 굴절 · 134
주변 공기의 온도가 변하며 소리의 속도가 달라져 방향이 바뀌는 현상

소화 · 48
음식물 속 영양분을 흡수하기 쉬운 형태로 만드는 일

소화기관 · 48
입, 식도, 위, 샘창자(십이지장), 소장, 대장, 간, 이자(췌장), 쓸개, 항문

속불꽃 · 146
겉불꽃의 안쪽으로, 가장 밝은 부분

수소 · 172
무색무취이며, 물에 거의 녹지 않고, 타는 기체

수증기 · 152, 154, 158
물이 기체로 변한 것

습도 · 80
공기의 습한 정도를 나타내는 것

시상화석 · 100
암석이 생긴 당시의 환경을 알 수 있는 화석으로, 오랜 시간 동안 특정한 환경에서 살았던 생물의 화석

심성암 · 98
마그마가 깊은 지하에서 천천히 식어서 만들어진 암석

씨방 · 18
속씨식물의 암술 밑에 있는 통통한 부분이며, 안에 밑씨가 들어 있다.

ㅇ

액화 · 114
응결. 기체가 액체로 되는 변화

양서류 · 42
척추동물의 하나로, 유생은 물속에서 생활하고 성체는 물가에서 생활한다.

어류 ·· 42
척추동물의 하나로, 물속에서 생활하며 피부가 비늘로 덮여 있고 아가미로 호흡한다.

역암 ·· 100
자갈이 단단히 생긴 암석

연소 ·· 150
물질이 빛과 열을 내며 산소와 결합하는 현상

열섬 현상 ·································· 84
도시의 기온이 주변보다 높아지는 현상

엽록체 ······································ 26
식물에서 광합성이 일어나는 부분, 녹색 알갱이

오존층 ································ 64, 142
대기 중에 있는, 생물에 해로운 자외선을 흡수하는 층

온난전선 ···································· 86
한기보다 난기가 센 전선

온대저기압 ·································· 86
한랭전선과 온난전선 위에 발달한 저기압으로, 서쪽에서 동쪽으로 이동한다.

온실가스 ·································· 102
이산화탄소처럼 지구온난화와 관련 있는 가스를 이르는 말

완전탈바꿈 ································ 40
알 → 애벌레 → 번데기 → 성충으로 성장하는 현상

외행성 ······································ 78
태양계의 행성 가운데 지구 바깥쪽에서 공전하는 행성. 화성, 목성, 토성, 천왕성, 해왕성

용암 ·· 98
분화할 때 나오는 고온의 액체로, 공기를 만나 식어서 고체가 된다.

용해도 ···································· 162
물 100g에 최대로 녹는 물질의 양

월식 ·· 72
'태양, 지구, 달' 순서로 늘어섰을 때 달이 지구 그림자로 들어가는 현상

육식동물 ···································· 44
다른 동물을 먹는 동물

융모 ·· 54
소장 안쪽에 촘촘하게 돋아 있는 돌기

융해 ······································ 114
고체가 액체로 되는 변화

음원 ······································ 138
소리를 내는 것

응결 ······································ 114
액화. 기체가 액체로 되는 변화

응고 ······································ 114
액체가 고체로 되는 변화

응회암 ···································· 100
화산재가 굳어서 생긴 암석

이산화탄소 ························ 160, 170
무색무취이며, 물에 잘 녹는 기체

이슬점 ······································ 82
공기 속 수증기가 물방울로 변하기 시작하는 온도

이암 ······································ 100
진흙이 굳어서 생긴 암석

일기기호 ···································· 90
날씨를 나타내는 기호

일식 ·· 72
'태양, 달, 지구' 순서로 늘어섰을 때 달이 태양을 가리는 현상

입사각 ···································· 108
들어오는 빛(입사광선)과 법선이 이루는 각도

ㅈ

자기력 ···································· 104
자석에 의해 작용하는 힘

자기력선 ·································· 106
N극에서 S극으로 향하는 선

자기장 ···································· 104
자기력이 작용하는 공간

자전(지구) · 62
자전축을 회전축으로 해서 서쪽에서 동쪽으로 하루에 약 360° 도는 일

자전축 · 62, 76
지구 중심을 지나며, 북극과 남극을 잇는 선

작용점 · 128
지렛대에서 힘이 발생하는 부분

장일식물 · 30
밤이 짧아지면 꽃이 피는 식물

저기압 · 82
주변보다 기압이 낮은 곳으로 상승기류가 일어난다.

적란운 · 84, 86
수직으로 발달하며 좁은 지역에 세찬 비를 내린다.

적혈구 · 52
혈액 중 고체 성분으로, 산소를 옮긴다.

전도 · 112, 116
열의 전달법 가운데, 가열한 부분에서 열이 지글지글 전달되는 현상

전류 · 118, 124
회로에 흐르는 전기의 흐름을 말하며, +극에서 흘러나와서 −극으로 들어간다. 단위는 암페어(A)

전류계 · 118
전류의 세기를 측정하는 도구이며 회로에 직렬로 연결한다.

전선 · 86
따뜻한 공기(난기)와 차가운 공기(한기)가 부딪친 경계면이 지표면과 만나는 부분

전자석 · 126
코일에 전류를 흐르게 해 자기력을 만들어내는 자석

절지동물 · 38, 46
무척추동물의 하나로, 몸이 단단한 껍데기로 덮여 있고 다리에 마디가 있다.

정맥 · 56
심장으로 돌아오는 혈액이 흐르는 혈관

정체전선 · 86
난기와 한기의 세기가 같아 한곳에 머물러 있는 전선

제꽃가루받이 · 32
하나의 꽃 안에서 일어나는 꽃가루받이

조류 · 42
척추동물의 하나로, 땅 위에서 생활하며 피부가 깃털로 덮여 있다.

중력 · 68
지구나 달에서 물체를 잡아당기는 힘

중화 · 180
산성 수용액과 염기성 수용액을 섞었을 때 중성이 되는 반응

증발 · 114
액체가 기체로 되는 변화

증산작용 · 26
식물이 새로운 수분을 흡수하기 위해 기공으로 수증기를 내보내는 현상

지진 · 94
지구 내부에서 발생한 지진파가 지표까지 전해지는 현상

직렬연결 · 124
전류가 흐르는 길이 1개인 연결법

진도 · 94
지진이 일어났을 때 관측점에서 느껴지는 흔들림의 세기

진앙 · 94
진원 바로 위에 있는 지면상의 지점

진원 · 94
지구 내부에서 지진이 발생한 장소

ㅊ

척추동물 · 42
내골격이 있는(등뼈가 있는) 동물

체관 · 26
잎에서 만들어진 양분이 지나는 통로

초식동물 ·· 44
식물을 먹는 동물

충매화 ·· 18
곤충이 꽃가루를 옮겨주는 꽃

ㅌ

태양 ·· 62, 70
스스로 빛을 내는 항성

태풍 ·· 92
적도 부근의 해상에서 발생한 열대저기압 가운데 풍속이 초속 17.2m 이상(풍력 8 이상)인 것

통꽃 ·· 22
꽃잎이 하나로 붙어 있는 꽃

퇴적암 ·· 100
토사가 단단히 굳어서 생긴 암석

ㅍ

파충류 ·· 42
척추동물의 하나로, 땅 위에서 생활하며 피부가 비늘이나 등딱지로 덮여 있다.

판 ·· 96
바다와 대륙을 지지하는 두께 100km 정도의 암반

판 경계 지진 ·· 96
대륙판과 해양판의 경계에서 발생하며 지진해일이 일어날 위험이 있는 지진

팽창 ·· 110
물체의 부피가 커지는 현상

페놀프탈레인 용액 ·· 178
지시약 가운데 하나로, 산성과 중성은 무색, 염기성은 빨간색으로 반응한다.

편서풍 ·· 88
우리나라 하늘에 1년 내내 부는 약한 서풍

폐포 ·· 50
폐 속에 있는 직경 0.1~0.2mm 정도 되는 작은 주머니

포유류 ·· 42
척추동물의 하나로, 땅 위에서 생활하며 피부가 털로 덮여 있고 폐호흡을 하며 태생을 한다.

폭풍반경 ·· 92
태풍 주변에서 초속 25m 이상의 바람이 부는 지역

표준화석 ·· 100
지질시대를 알 수 있는 화석으로 특정한 시대에 널리 살았던 식물의 화석

풍력 ·· 88, 90
풍력 계급으로, 0~12까지 13개로 나타낸다.

풍매화 ·· 18, 20
바람이 꽃가루를 옮겨주는 꽃

풍향 ·· 88, 90
바람이 부는 방향

플라스틱 ·· 186
석유로 만드는 소재 중 하나로, 재이용되는 자원이다.

ㅎ

하강기류 ·· 82
아래로 내려가는 공기의 흐름. 고기압이 생긴다.

한랭전선 ·· 86
난기보다 한기가 센 전선

항성 ·· 74
스스로 빛을 내는 별을 말하며, 1등성과 6등성의 밝기는 100배 차이다.

항온동물 ·· 42
스스로 체온을 일정하게 유지하는 동물

해구 ·· 96
해양판이 대륙판의 밑으로 들어간 경계의 움푹 들어간 곳

해령 ·· 96
해양판이 새로 만들어지는 부분

해양판 ·· 96

바다를 이루는 판으로 한반도 주변에는 필리핀판과 태평양판이 있다.

혈소판 ································· 52
혈액 중 고체 성분으로, 혈액을 굳힌다.

혈장 ····································· 52
혈액 중 액체 성분으로, 영양분이나 불순물을 옮긴다.

호흡(식물) ······················· 26, 184
산소와 녹말로 이산화탄소와 물을 만드는 일

홍채 ····································· 60
눈 안에서 빛의 양을 조절하는 부분

화력발전 ····························· 122
화석연료를 태울 때 발생하는 열에너지를 전기에너지로 바꾸는 발전 방법

화산가스 ······························ 98
화산분출물 가운데 기체인 물질

화산분출물 ·························· 98
화산이 분화할 때 나오는 물질로, 화산가스, 용암, 화산재, 경석 등이 있다.

화산암 ································ 98
마그마가 지표면 부근에서 빠르게 식어서 만들어진 암석

화산재 ································ 98
고체인 화산분출물로 분화 후 한동안 하늘에 떠 있다.

화석 ·································· 100
당시의 환경을 알 수 있는 화석과 시대를 알 수 있는 화석, 두 종류가 있다.

화성 ······························ 66, 78
지구 바깥쪽에서 공전하는 외행성으로, 산화철이 가득 들어 있는 붉은 흙으로 덮여 있다.

화성암 ································ 98
마그마가 식어서 만들어진 암석으로 화산암과 심성암으로 나뉜다.

황도 12궁 ··························· 76
태양이 1년간 지나는 길에 놓인 대표적인 별자리 12개

힘점 ·································· 128
지렛대에서 힘을 가하는 부분

기타

BTB 용액 ·························· 178
지시약 가운데 하나로, 산성은 노란색, 중성은 초록색, 염기성은 파란색으로 반응한다.

LED ································· 120
발광다이오드를 말하며, 빛이 날 때 열이 거의 나지 않는 특징이 있다.

pH(피에이치) ····················· 182
산성의 강도를 숫자 0~14로 표현한 것으로, 7보다 작을수록 산성이 세다.